▶ 教育部"国培计划"首期中小学名师领航工
北京市海淀区教师进修学校培养基地研修成果

·与名师一起进修· ●丛书主编：罗滨

基于理解的
数学教学

▶ JIYU LIJIE DE
SHUXUE JIAOXUE

▶ 杨冬香 /著

北京师范大学出版集团
BEIJING NORMAL UNIVERSITY PUBLISHING GROUP
北京师范大学出版社

图书在版编目(CIP)数据

基于理解的数学教学/杨冬香著. —北京：北京师范大学出版社，2022.11
ISBN 978-7-303-27900-5

Ⅰ. ①基… Ⅱ. ①杨… Ⅲ. ①数学课－教学研究－中小学 Ⅳ. ①G633.602

中国版本图书馆 CIP 数据核字(2022)第 090930 号

图书意见反馈：gaozhifk@bnupg.com　010-58805079
营销中心电话：010-58802755　58800035
北师大出版社教师教育分社微信公众号　京师教师教育

出版发行：北京师范大学出版社　www.bnupg.com
　　　　　北京市西城区新街口外大街 12-3 号
　　　　　邮政编码：100088
印　　刷：三河市兴达印务有限公司
经　　销：全国新华书店
开　　本：730 mm×980 mm　1/16
印　　张：14.5
字　　数：210 千字
版　　次：2022 年 11 月第 1 版
印　　次：2022 年 11 月第 1 次印刷
定　　价：63.00 元

策划编辑：冯谦益　　　　　　责任编辑：冯谦益
美术编辑：焦　丽　　　　　　装帧设计：焦　丽
责任校对：梁　爽　　　　　　责任印制：马　洁

丛书编委会

顾问：顾明远

主编：罗　滨

副主编：申军红　韩巍巍

成员(按姓氏拼音排序)：

柏春庆　曹一鸣　李瑾瑜　李　琼　李英杰　林秀艳

莫景祺　邵文武　王尚志　王云峰　王化英　吴欣歆

谢春风　余　新　张铁道　张　鹤　赵杰志

教师要努力成为教育家

《中共中央 国务院关于全面深化新时代教师队伍建设改革的意见》（以下简称《意见》）是中华人民共和国成立以来党中央出台的第一个专门面向教师队伍建设的里程碑式政策文件。这是以习近平同志为核心的党中央高瞻远瞩、审时度势，立足新时代的战略部署作出的重要决策，将教育和教师工作提到了前所未有的政治高度。

为落实《意见》的精神，《教师教育振兴行动计划（2018－2022 年）》提出"实施中小学名师名校长领航工程，培养造就一批具有较大社会影响力、能够在基础教育领域发挥示范引领作用的领军人才"。"国培计划"中小学名师领航工程（以下简称"名师领航工程"）是全国中小学教师培养的最高层次，2018 年开始，对百余名优秀教师进行三年连续性系统化培养，旨在充分发挥名师的示范引领作用，探索教育领军人才培养的有效模式，营造教育家脱颖而出的制度环境，着力建设新时代高素质专业化创新型教师队伍。

那么什么样的教师才能称为教育家呢？我认为，教育家一般要达到以下三条标准：一是长期从事教育工作，爱教育，爱孩子，爱学科，把教育作为自己毕生的事业。二是要有先进教育理念，富有教育智慧和教育艺术，形成自己的教育风格。三是善于学习，不断钻研，敢于创新，善于吸收新事物，逐渐形成自己的理论见解和思想体系。

名师领航工程的学员都是来自全国各地的特级教师和正高级教师，他们多年从事教育工作，教学经验丰富，教学能力突出，很多也有自己的教学特色和风格，是很优秀的专家型教师。但是他们还缺乏理论修养，没有把很多优秀的教学案例和生动的育人故事，以及课堂和学科的教学主张，形成系统化和结构化的理论见解和思想体系。名师领航工程就是学员从优秀走向卓越的生长点，在此项目学习期间要帮助他们梳理总结自己教育经验，把经验上升为理论，逐渐形成自己的教育风格和教育思想体系，并能对其他教师起示范引领作用。

名师领航工程学员撰写的专著，是他们多年教学实践和育人成果的总结和提炼，也是他们教学主张和教育思想的升华。专著的出版，相信会成为本学科领域具有影响力的学术成果，标志着他们在基地的三年研修结出了累累硕果，也标志着他们离教育家越来越近。

北京市海淀区的基础教育在全国处于领先地位，北京市海淀区教师进修学校在教师教育领域做了很多引领性、示范性的工作。作为首批名师领航工程培养基地中唯一的教师研修机构，为培养教育家型卓越教师做了很多的探索和实践，培育名师再成长的理念先进，实践导向的"三年六单元"的研修课程系统，强调学员深度参与、不断输出思考与实践的研修方式有效，成果丰硕。现在北京市海淀区教师进修学校与北京师范大学出版社合作，组织编写和出版"与名师一起进修系列丛书"，是非常有意义的一项工作。

我非常期待，丛书的出版能够很好地支持新时代的教师队伍建设，让越来越多的教师成长为教育家，引领广大教师迈向教育现代化！

中国教育学会名誉会长，北京师范大学资深教授

名师再成长：从优秀到卓越

百年大计，教育为本；教育大计，教师为本。《中共中央 国务院关于全面深化新时代教师队伍建设改革的意见》（以下简称《意见》）强调："造就党和人民满意的高素质专业化创新型教师队伍""到 2035 年，教师综合素质、专业化水平和创新能力大幅提升，培养造就数以百万计的骨干教师、数以十万计的卓越教师、数以万计的教育家型教师"。这是中华人民共和国成立以来，党中央出台的第一个面向教师队伍建设的里程碑式政策文件。

从《意见》的出台，到全国教育大会的召开，习近平总书记发表了关于教师的一系列重要论述，这些都表明国家对教师职业的重视，对新时代高素质教师队伍建设的重视。在这支队伍中，名师是很重要的一个关键群体，他们师德高尚，专业精深，育人成果显著，能带领教师团队在教育改革中攻坚克难，是一个地区的教育领军人才，是教师队伍的领头羊；而促进更多的优秀教师成长为教育家型教师，则关系着我国教师队伍整体质量的提升。

2018 年年初，北京市海淀区教师进修学校（以下简称"海淀进校"）承担了教育部"国培计划"中小学名师领航工程（以下简称"名师领航工程")培养基地的任务，来自全国 10 个省市的 11 名特级教师和正高级教师成为基地的首批学员。基地面临着一个极具挑战性的任务，就是如何助力优秀的专家型教师成长为卓越的教育家型教师。

首先，我们明确了教育家型卓越教师的关键特质。

责任与担当——教育当为家国计。教育家时刻牢记为党育人、为国育才使命，他们主动承担起教育改革发展的重任，有着"知其难为而为之"的无畏勇气，敢于承担别人不敢承担的责任与重担；他们有宽视野和高境界，着眼于国家发展、民族未来，在教育改革的大潮中主动作为。

理想与情怀——使命感成就教育家。教育是教育家毕生的理想与追求，他们有崇高的职业使命，高度认同教育的目的，深刻理解教育的本质，精准把握教育的脉搏，研究课程、教学、评价的每一个环节，不断探索有意义的学科教学与学科育人，努力上好每一堂课、教好每一个学生。

创新与坚持——探索和领航的基石。教育家是探索者，更是领航者。他们尊重学生成长规律，在教育实践中不断摸索和创新，面对问题不断寻求新思路，更新知识结构，开阔学术视野，提升自己的教育能力，努力培养德智体美劳全面发展的学生。他们信念坚定，持之以恒，坚守初心，百折不挠，在处理困难和挫折时，表现出非同寻常的坚持，也在不断遇到难题、攻克难题的过程中享受成功带来的快乐。

那么，如何从优秀教师成长为教育家型卓越教师？

在更好地成就学生中再成长。教育家的目标是更好地成就学生，想大问题，做小事情，把崇高的教育理想落实到平凡的教育教学工作中。坚守正确的教育价值观，仰望星空又脚踏实地，逐渐形成独特的教学风格和教育思想，形成标志性的教育教学成果，在教育改革与发展中发挥示范引领作用，才能被称为"教育家"。

在培养基地中实现再成长。良好的环境、志同道合的同伴有利于名师再成长，培养基地就是一个很好的平台。基地可以创建良好的教育生态，提供肥沃的土壤、充足的阳光和丰沛的养分，通过与同伴和导师的共同研究和实践，唤醒和激励他们主动发展和自我成长。在基地，未来教育家们携手前行，形成团队发展态势，也会带动更多的优秀教师逐渐成长为教育家型卓越教师。在教育改革中，领基础教育发展之航，领学科育人之航，领学生和同伴成长之航。

自 2018 年成为名师领航工程培养基地以来，海淀进校的干部和教研员，反复研讨，从培育模式、培育机制、研修课程、培训方式等多方面进行了探索和创新。构建了"基地—大学—中小学"个性化、立体式培养模式，形成"学员—导师共同成长"的新型关系：用高远目标引领，使教师成为有风格、有思想、有智慧，能够引领基础教育改革发展的教育家型卓越教师；用系列课程支持学员成长，"三年六单元、九大模块课程"使名师开阔了教育视野，提升了教育境界，发展了教育创新能力；有实践导师同行，名师和同学科高水平教师一起，聚焦学科核心素养发展，探索学习方式变革，上课、切磋、分享，在深度互动、深刻体验、共同创造中实现新的成长。

海淀进校能够通过申请、答辩和双选等环节成为名师领航工程培养基地，学员能够来到海淀，就是对海淀进校的充分信任。我们绝不能辜负学员。为了给学员提供充分的接触国内知名学者和一线名师的机会，我们给每位学员配备了 5 名导师，有学科专业导师、学科教学导师、教育理论导师、教研导师和一线导师。有理论导师相伴，名师和专家一起，在课题研究和实践中，在一次次微论坛中，将自己的教学主张概念化、结构化，固化教育风格，凝练教育思想。同时基地开展教育援助，发挥辐射作用，从"一枝独秀"到"百花齐放"，学员教师通过名师工作室带领团队解决问题，在成就其他教师中成长。

通过名师领航工程的探索与实践，海淀进校以先进的教育理念、特色的课程供给、高端多元的导师团队、健全的服务机制为特色，构建名师成长的生态系统与示范基地，为全国教师研修机构提供了名师培育的成熟范式。

丛书立足海淀进校基地培养教育家型卓越教师的鲜活经验和理论探索，是学员理解学科本质、探索学科育人的成果凝练。丛书聚焦了当前学科教学和学科育人中的关键问题，书中既有学科教育和学生发展的理论，又有学科教学的方法，还有经过实践检验的教学案例和育人案例，对一线教师来说可学、可做、可模仿、可借鉴，是教师开展学科教学和班主任工作的重要参考。

丛书同时展现了名师成长的路径和教学主张、教育思想形成的过程。希望通过丛书的出版，让更多的教师、教研员、学者和教育行政管理者从教育家型卓越教师的成长中得到一些启示。也祝愿更多的老师从优秀走向卓越，成长为教育家型卓越教师！

罗　滨

北京市海淀区教师进修学校校长

序 三

XUSAN

随着社会、经济、科学技术的发展，人们越来越认识到数学的重要性。掌握必备的数学知识，通过数学所获得的关键能力，在公民未来发展所必备的核心素养构成中具有不可替代的重要地位和作用。一个人在中小学学习生涯中，在数学学习上所投入的时间和精力是相当多的，其效果差异也很明显。数学应当成为每个人人生发展过程中持续作用的助力器，而不是"拦路虎"。现在有相当多的学生，并没有深刻地认识到数学的重要性，认为学数学就是为了取得一个好的考试成绩，升入理想的学校（当然并不是说这一点不重要）。在这种导向的影响下，学生的数学学习（教师的数学教学）更多的只是注重解题、题型训练，希望能够掌握中考或高考的题目类型。但结果往往适得其反，学生有时并不能取得理想的考试成绩。当然，这其中的原因有很多，不过数学教师的因素不容忽视。

数学教师可以将数学教得让学生兴趣盎然，也可以教得让学生感到枯燥无味。数学教师不仅是一个学科知识专家，更是一个以其广泛而全面的知识，深邃地洞察、透析社会历史发展，具有丰富的阅历、高尚的审美情趣、健康的人格，能影响、指导学生发展的人生导师。进一步来说，数学教师是一个"科研型的教育专家"。面对新的数学课程内容和要求，我们的数学教师要不断提升专业修养，更新教育观念，改进教学方法，能对教学中的现象与问题进行反思，探索教育、教学规律，不断自我成长。

我国的基础教育课程改革进入了一个新的阶段，以核心素养为导向的课程、教学、评价体系，倡导基于理解的数学学习，并在此基础上，通过数学实践应用，培养学生的实践创新能力。这需要广大的教师，在课堂教学中不断地研究并加以实践。《基于理解的数学教学》在这方面进行了有意义的探索与实践，秉承着从实践中来，到实践中去的做法，对于当今正在深入进行教学改革的广大数学教师来说，具有重要的参考价值。

　　我与杨冬香老师的相识，源于"国培计划"中小学名师领航工程。杨老师在教学实践和理论思考方面已有很好的积淀，先后经历了高中数学教学、初中数学教学，而今又站在了小学数学课堂上，这样独特的教学经历，让她对教育教学的思考更加深入。她坚信并付诸行动，以系统的数学知识为载体，坚持能力培养为核心，将人的发展作为最终目标。坚持"立德树人""促进人的全面发展"是她的教学理念，也是本书的灵魂。

　　数学的教育过程，就是把知识、能力、思维转化为学生的认识理解的过程，学生理解数学的过程也是学生完善自我人格的过程。在教学中，数学知识不能简单地由教师传递给学生，而应该通过学生自身认知结构的改变，让学生自己建构对数学的理解。在教学中，教师要努力唤起学生内心的需要，激发学生产生思维碰撞，促使学习真实发生。在这个过程中，学生学到的不仅仅是知识与方法，还有态度与情感。这样的过程，可以更好地促进学生的成长由内而外真实地发生，使学生真正拥有解决问题的核心素养。

　　在基于理解的数学教学中，增加学生生活、学习的多素养语境，可以使学生的学习发生根本改变。在灵动的课堂上，师生交往、积极互动、共同发展，学生受到了激励、鼓舞、指导和召唤，形成了积极的学习态度，拥有了丰富的情感体验，为自我的个性彰显、心态开放创设了良好的条件；教师也实现了一种有效的分享、成功的给予、自我的成长与实现。当教师帮助学生从知识的学习逐渐向知识的应用、知识的再创造以及学生道德系统的建立等方面进行过渡，努力提升学生的学习品质，促进学生的可持续发展时，新课程的改革才真正实现了从知识走向素养、从理论走向实践、从虚化走向具体的过程。

　　本书对"理解"的概念和实践都进行了一定意义的阐述和解释，提出了"构建学生自己的数学理解"的教学主张，这是学习真实发生的重要指标，是帮助学生建构自己的数学世界，师生一起奋斗、成长的过程。更重要的是，本书还旨在引导教师不断深刻理解数学教育的真谛，整体把握数学的课程，挖掘数学知识的内涵与外延。通过大量的小学、初中、高中的教学案例，展现了一位教师的研究思考过程，激发教师主动转变关注的视角，从关注教学结果变为关注教学过程，从教学的实践走向教学的研究。引导教师将成功的目标逐一分解，师生一起在焕发生命活力的课堂中，不断克服困难，互帮互助，共同享受成长的快乐、成功的喜悦，体悟从教与学活动中获取幸福的意义。

曹一鸣

国家义务教育数学课程标准修订组组长

国家教材委员会数学专家委员会委员

北京师范大学数学课程教材研究中心主任

第一章

构建学生自己的
数学理解

　　"理解"是一线教师在教学设计、课堂教学和交流研讨中经常使用的词，但在实际的教学中，我们常常看到一些学生的学习总是停留在记结论、记公式、套用一些解题的方法上，他们对知识的理解很浅薄，并不深入，看不到知识的本质，没有形成自己研究问题的思路与方法。而部分教师也认为，只要在课堂上把所讲授的内容解释清楚了，学生就一定能够理解并掌握知识，他们把将课本上的知识以结论的形式尽快地让学生接受作为追求的目标，试图通过大量的练习来帮助学生巩固所学知识、加深理解，并将学生较好的检测成绩作为学生理解的主要依据。学生真的理解了吗？理解的真实含义是什么？在数学课堂中如何使学生构建自己的数学理解？我想，基于理解的数学教学，可以帮助我们透过知识的符号表层，去挖掘理解的真正含义。

第一节　为什么我讲过了学生还不会

　　"为什么我讲过了学生还不会？"我想，这个问题应该困扰过绝大部分教师，甚至到现在还困扰着一部分教师。"这个知识，我讲了多少遍啦，怎么还不会呢？那我就再讲一遍，注意听啦，耳朵竖起来……"诸如此类的话语，在我们的课堂中时有出现。

　　我自己就经历过这样的事情，这件事到现在仍历历在目。

　　大学毕业后，我怀揣着对教育的梦想，带着初为人师的兴奋，踏上了三尺讲台。学生的朴实、可爱，同事、领导的关心与培养，让我在教育教学工作中干劲十足、信心百倍，我不仅逐渐赢得了大家的认可，而且也越来越喜欢和热爱这个职业。然而不久后发生的一件事，却让我重新审视自己。

　　那天，我认真地讲解了线段垂直平分线的两个定理："线段垂直平分线上的点到线段两个端点的距离相等""到线段两个端点距离相等的点在这条线段的垂直平分线上"。学生在课堂上的表现也非常不错，和我配合紧密，师生互动很好，看着学生的眼神，嗯，我觉得他们都掌握了。然而第二天再对学生提问"请你说说线段垂直平分线的两个定理"时，一部分学生却出现了茫然，回答问题的时候磕磕巴巴的，不但不能正确复述定理的内容，而且把这两个定理完全混淆了。他们对"线段垂直平分线上的点到线段两个端点的距离相等"与"到线段两个端点距离相等的点在这条线段的垂直平分线上"根本分不清，更不要说对内在含义的理解了。一向脾气挺好的我第一次对着可爱的学生发火了："我讲了这么多遍，还不会？认真听讲了吗？认真复习了吗？学习态度不端正，不会学习……"我气哼哼地回到办公室后，向同事张老师抱怨。张老师却让我反思自己："冷静一下，这两个定理本身学生理解起来就难，这也说不定是你的问题呢？……"冷静下来之后，我反躬自省，为什么会这样？为什么我讲过了学生还是不会？我开始细细回想之前我上过的课，是不是学生也出现了这样的问题？出现这样的问题，是什么原因？我自认为讲得很清楚了，为什么学生并不理解？从这时起，我开始有意识地观察、思考与实验，迈出了尝试改进课堂教学的第一步。

在研究中我发现，在课堂上完成一段教学内容后，教师总是向学生提出这样的问题："刚刚学的知识你们理解了吗？"学生总是会齐声回答："理解了。"然后教师就会利用习题来检测，或者通过布置作业来巩固，试图通过大量的习题来帮助学生加深理解、巩固所学知识。难道这就是学生的理解吗？教师是否真正清楚学生理解的程度？

为了解学生的想法，我对两所农村学校共 317 名高中学生进行了问卷调研，结果如图 1-1 所示。

由图可以看出，在"你认为对已学知识不理解的原因"中，42% 的学生认为是学习的方法有问题，导致自己理解不到位。35% 左右的学生说，其实当时就没太懂。这说明学生知道自己的问题所在，不太清楚知识的来龙去脉，没有形成帮助自己理解的有效方法。显然，在课堂中，让学生自己理解所学知识，可以帮助学生解决困惑。那么，教学中怎样加深学生的理解呢？

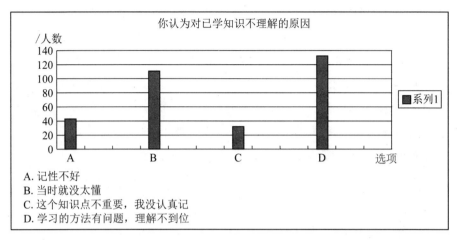

A. 记性不好
B. 当时就没太懂
C. 这个知识点不重要，我没认真记
D. 学习的方法有问题，理解不到位

图 1-1　学生问卷 1

在"你如何知道自己对某知识理解了"的问题中（图 1-2），18％的学生认为，"我记住了该结论"就是对某些知识理解了；39％的学生认为，"我会套用结论或公式计算"就是理解了；仅有 19％的学生选择"我会在复杂环境中，应用该知识"。说明近 80％的学生对学习的理解并不深刻，只处在理解的表面，难怪学生今天学了，明天就会忘记。

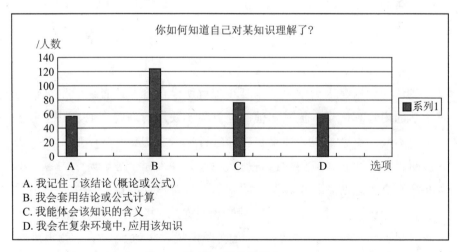

A. 我记住了该结论(概论或公式)
B. 我会套用结论或公式计算
C. 我能体会该知识的含义
D. 我会在复杂环境中，应用该知识

图 1-2　学生问卷 2

在"一个单元学习结束后,你能把所学的知识或技能进行更广泛和深入的应用吗?"这个问题中(图 1-3),41％的学生选择了"想过,但没有什么好的方法",36％的学生选择了"试过,但没有形成一定的规律"。这说明学生具有好的学习愿望,但苦于找不到途径,没有形成科学的解决问题的思路与方法。这就需要我们教师在保护学生学习积极性的基础上,培养学生良好的学习习惯,让学生树立科学的学习方法,帮助学生加深对所学知识的理解。

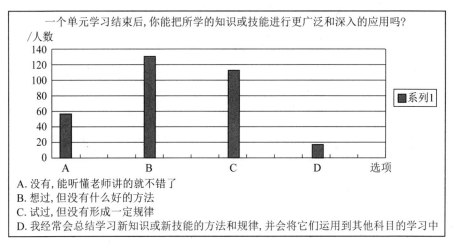

一个单元学习结束后,你能把所学的知识或技能进行更广泛和深入的应用吗?

A. 没有,能听懂老师讲的就不错了
B. 想过,但没有什么好的方法
C. 试过,但没有形成一定规律
D. 我经常会总结学习新知识或新技能的方法和规律,并会将它们运用到其他科目的学习中

图 1-3　学生问卷 3

为什么我讲过了学生还不会?

我认为,这是因为学生并未真正理解所学内容,或者说学生自认为对所学的内容理解了,但其实他的理解属于浅层的理解,他并没有理解知识的本质。也就是说,如果在教师进行了课堂的交互教学后,学生仍无法回忆、讲述或者应用知识,那么学生就并未完全理解所学内容。学生并没有真正理解,只是将所学的知识通过机械性的记忆,在大脑里留下了印象而已。此时学生对于所学知识只是"知其然",往往不知"其所以然",只会机械地套用知识,一旦问题情境发生改变,学生就很难解决。这种机械性的记忆,不仅表现为当时貌似听懂了,过后会很快忘

记，而且还表现为不能将其应用于新的环境，解决新的问题。就会出现我们所说的"夹生饭"的现象，这将造成低效的学习，甚至会对后续的学习产生影响。

那么，学生为什么会不理解呢？我觉得学生并未理解的原因有很多，包括学生的个体差异、行为习惯等方面的原因。从教师层面上来看，首先教师要反思：①我讲了什么？②讲清楚了吗？③怎么讲的？④学生理解了吗？⑤我知道学生哪些地方不会吗？⑥学生怎样才是真的理解了？⑦学生的收获是什么？……我想这些问题不仅关系着教师的教育教学理念、教学的专业能力、教学的技能，而且还涉及教师对学情的把握、教师的工作态度等各个方面。

其次教师要注意，教学中可能忽视了学生的理解。教师认为自己讲清楚了，就认为学生理解清楚了；学生会做题了，就认为学生理解了；学生不理解的时候，多让学生做些题目，学生就会理解知识。殊不知，这会造成更恶性的循环。学生不理解，即便进行枯燥单调的练习，仍不理解，这样不仅会对学生后续的学习产生影响，久而久之，甚至会影响学生学习的积极性，学生学习的态度也会发生变化。

捷克教育家夸美纽斯说："学生首先应当学会理解事物，然后再去记忆它们。"①毛泽东在《实践论》中写道："感觉到了的东西，我们不能立刻理解它，只有理解了的东西才更深刻地感觉它。"②在数学的教与学中，"理解"越来越得到大家的重视。基于理解的数学教学，可以帮助我们弄清所需理解的任务到底是什么；促进学生理解的最佳的学习活动该如何设计；帮助我们在工作中避免盲点，帮助学生意识到学习不仅是接收知识，或者是教师的灌输，而是要主动揭示隐藏在知识背后的内容，并思考它们的意义，形成自我的判断以生成自己的价值。我想这是基于理解的数学教学的基本所在。

---

① [捷]夸美纽斯：《大教学论》，傅任敢译，99页，北京，教育科学出版社，1999。

② 《毛泽东选集》第1卷，286页，北京，人民出版社，1991。

第二节 对"理解"的理解

那么什么是理解呢？

一、理解

"理"，乃事物本来的纹理、层次、条理（事物本身具备的某种特性），也有处理得当之意；"解"有分开、解开、解除之意，也包含着懂、明白、分析、处理、说明之意。理解一词，从字面组合来看，可以解释为，根据事物原本的特性来了解事物，还可以解释为，据"理"分析处理。不论是将理解的范围框定在思维内部，还是扩展到行为变化方面，总体来说，理解就是，理解者将自身内部思维作用于外部事物的过程。

在《辞海（第六版彩图本）》中，理解具有以下几层含义：①顺着条理进行剖析。②从道理上了解。③应用已有知识揭露事物之间的联系而认识新事物的过程。其水平随所揭露联系的性质和人的认识能力而异。有揭露事物间外部联系的理解，如把一新事物归入某一类已知事物中；有揭露事物间内在联系的理解，如确定事物间因果关系。在《心理学大辞典》中，理解是"思维形式的一种，个体运用已有的知识、经验，根据外界事物的具体表现形式，发现和认识事物的联系、特征，直至事物本质属性和规律性的思维活动"。究其根本，理解是一个过程，并且是实践主体认识世界和改造世界所必须经历的过程。

从现有的研究来看，参考洪汉鼎等学者的思想，对理解的认识概括起来有以下几个视角。

（1）阿斯特认为，理解是领悟个别并将其综合为统一整体的过程。

（2）施莱尔马赫认为，理解就是重新表达或重构作者意象或思想的过程。

（3）狄尔泰认为，理解是透过外在符号获得内在精神的过程。促进理解的发生，重要且必需的环节就是"体验"，这是理解的基础。①

(4)海德格尔与伽达默尔则认为，理解是一个"视界融合"的过程。理解是带有个体独特性的，总是以不同的方式进行着。并且理解不仅仅是简单地复述、再现，也必须具有创造性的行为。因此，理解就必须突破理解者原有的视野，不断融合新的视界，再创造出带有个人特点的崭新视界。而理解本身有着潜在的"成见"，这是由于理解者已有的知识、经验和思维方式造成的，而教师的职责所在就是引导学生击碎"成见"，达到对意义的正确认识和再创造。

(5)美国格兰特·威金斯(Grant Wiggins)对理解的界定是："理解指的是学生拥有超越教科书知识与技能的某些东西——那是学生真正'得到'的。同时，理解也指在不同背景下表现出的非凡的洞察力与其他能力。"②我们可以看出他通过强调理解的迁移性，来界定理解的概念，关注理解的外显行为，并由此提出了理解的六个维度：解释——能对现象、事实和数据进行全面、可靠和合理的解释说明。释译——能够解释故事的意义、进行恰当的翻译，对于所涉及的观点发表自己的看法，通过想象、轶事、例证和模型，使以上观点个性化，易于为人们所接受。应用——能将所学的知识有效地运用于不同的环境之中。洞察——能用批判的眼光看待事物，并顾全大局。往往通过问"它究竟是什么"来揭示事物，是一种极具力度的深刻见识。移情——能从别人可能认为陌生或悖于情理的东西中体会到其价值之所在，具备敏锐的直观性洞察力，能设身处地为别人着想。自我认识——认识到个人身上的某些特质，如个人风格、偏见、构想及思维习惯等，它们对理解的实现可能起促进作用，也可能起阻碍作用。同时，个人应该能够明确地认识到，在哪些方面自己还未能理解并知道原因所在。

---

① 洪汉鼎：《理解与解释——诠释学经典文选》，74～76页，北京，东方出版社，2001。

② ［美］威金斯、［美］麦克泰：《理解力培养与课程设计：一种教学和评价的新实践》，么加利译，7页，北京，中国轻工业出版社，2003。

（6）皮亚杰认为，个体对新事物的理解，就是新刺激被个体已有的知识结构同化并顺应的过程。个体为了保持认知结构的平衡，就必须不断地重复同化和顺应，以达到平衡。建构主义认为，就理解对象而言，真正的知识是学习者主动建构的成果。就理解的过程来看，学习的过程就是理解的过程，理解就是意义赋予的过程。学习的过程，不单单是回忆和记忆提取的过程，更是学习者主动对学习内容做出解释和意义赋予的过程，从而获得新的学习材料与已有经验之间的实质性联系，获得"创造性的理解"。① 为何说是创造性的理解？因为学习者的主动建构过程是带有个体经验、个性特征的，所以学习作为理解发展的过程，就必然带有学习者的主动性、积极性和独特性，强调的是学习者在过程中对知识及意义的持续建构，最终追求的是个性的体现。

二、数学理解

数学理解是数学教育的核心问题。理解反复出现在教育教学的领域中，由于理解自身的隐蔽性和特殊性，任何模型或隐喻可能都是不充分、不准确的。所以至今人们对理解的定义仍然是模糊的、纷繁复杂的，只是凭借着他们观察到的结果，以多重视角解释分析罢了。

《义务教育数学课程标准（2022 年版）》［以下简称《课标（2022 年版）》］，将理解归为描述结果目标的行为动词，并将理解解释为：描述对象的由来、内涵和特征，阐述此对象与相关对象之间的区别和联系。理解的同类词为"认识，会"。如认识三角形；会用长方形、正方形、三角形、平行四边形或圆拼图。此时关注了理解的外显行为，注重对学习结果的表现与表达。又如，理解有理数的意义，能比较有理数的大小；借助数轴理解相反数和绝对值的意义，掌握求有理数的相反数与绝对值的方法……表示学生能够通过解释、推理、举例或变式应用，利用知识解决相关的问题。

---

① ［瑞士］皮亚杰：《皮亚杰教育论著选》，卢濬选译，6、229 页，北京，人民教育出版社，2015。

一些数学教育同人认为，数学理解是指运用已有的知识、经验，通过思维去认识数学对象中纯粹的量与空间形式的本质和规律的过程。比如，学生拥有数学理解的话，就能够知道数学知识的由来、性质，以及可以在适当的条件和范围下使用；能够灵活地迁移，转换数学表达形式，知道数学知识间的区别与联系；能够多方位、多角度地把握数学知识间的关系与联系；能够令自己的数学知识结构发生积极变化。

大家对理解的认识，带给我极大的触动，使我不断地思考。理解是每个人的大脑对事物进行分析的行为；是对事物本质的认识的一种程度。理解是智力层面的建构，是人脑为了弄懂许多不同的知识片段而进行的抽象活动。

作为一个名词，数学理解更多地表示一种状态，是对于所学数学知识的了解、领会。这也是教师经常想让学生达到的基本状态，即学生理解所学。但此时的理解分为浅层次的理解和深层次的理解。此时的理解作为一种评价或结论，是学生利用所学数学知识进行应用创造的基础。

数学理解虽然在教育界仍然没有一个确切的内涵，但"数学理解是一个过程"这一看法基本成为人们的共识，此时数学理解作为一个动词，强调的是一种过程，一种转换，一种融会贯通，指能够将所学、所知用自己的语言、文字或符号表达出来并做出解释。用自己的观点阐释，从不同的角度分析，从自己已有的经验出发，带有自己的观点和判断。这需要个体在已有知识、经验的基础上将知识进行分类归纳，找出联系，分辨不同。当学习主体主动去建构知识之间的联系，梳理知识的脉络，进行有意识的归纳总结、抽象概括时，这就是理解更深层次的一种转换，是一种充满创造力的行为。理解还具有能够在新环境自主地解决实际问题，结合自己的思考做出新的创造的特点，这是理解的一个更高的目标。

因此我认为，数学理解就是理解者主动运用已有的数学知识、经验，尝试对教材内容或教师教授的内容进行重新解释、加工，并应用于实践的思维活动。数学理解是一个动态的、循环往复的认知结构发展的过程，也是理解者将已有认知与新的认知不断融合，正确地认识数学概念、定理、性质等内容，并适当地将其应用于实际情境中，最后又形成自己新的认知的过程。在这样的过程中，理解者从自我的认知出发，通过主动建构，不断地丰富和完善自己的认知结构。通过理解数学知识的过程，感悟、体验所有的情感和态度，这对人的成长而言是一个全方位的培养过程。我想这样的过程必将引导学生理解数学、理解世界、理解他人、理解自我，更好地促进人的发展。

第三节　理解在数学课堂中的重要价值

一、理解促进学习真实发生

学习真实发生的指标有很多。比如，一位 8 岁小男孩的母亲坚持让孩子承担一些家庭杂务，通过完成这些工作，小男孩可以赚取每周的零用钱，积累两三周后，他可以用这些零用钱购买自己选择的一个小玩具。为此，他形成了对于金钱价值的理解。对于某个数学问题，一位同学的方法与他同伴的方法不同，在与同伴讨论之后，这位同学对自己的观点进行了反思，并逐渐改变了自己的观点，这是对该问题的数学理解。再比如，我观察到，有个学生在计算 $321-14+86$ 的时候，他很犹豫，想写成 $321-(14+86)$，因为他发现 14 与 86 正好可以凑成 100，就可以巧算。但又觉得不对，因为他之前有过类似简算的经验，对于此问题能不能像之前 $321-14-86$ 那样进行简算，他在犹豫……学生犹豫的过程，其实就是思考的过程，我们应该给他时间，让他完成他的思考。他虽然并没有很快地计算出结果，但实际上他的学习已经发生了。

学习是一种途径，通过学习我们不仅可以获得知识和技能，也可以形成价值观。因此，学习真实发生时，一方面要关注学生的精力是否集中，学生是否积极地投入数学学习之中等行为状态，因为这是我们可以观察到的学生学习发生的一种外在的表象。比如，我们可以看到学生的一些全新的行为，如：学生可以清楚地表述自己对概念的理解；或者学生改变了已有行为的速度，能更快地、正确地进行负数的四则运算；或者更加频繁地与同学合作，探讨问题；或者对教师提出的问题能够主动地思考并质疑；等等。这些都是学习真实发生所带来的学生行为上的变化。

另一方面更要关注学生对所学知识的理解程度，这是衡量学生学习真实发生情况的重要标尺之一。学生理解了，这是学习真实发生了的评价与结果，这显然是静态的理解；当把理解变成动态的过程时，学习就真实发生了，这不仅会促进学生理解所学知识，而且会加深学生对知识的理解深度。学生对数学知识的理解程度，与学生思维的深度参与密切相关。可以说，思维的参与，才能使学习真实发生。

在课堂中，其实不论哪个阶段的学生，他们都愿意用自己的方式，来阐述对知识的理解。这一点在小学阶段十分明显，小学阶段的学生都保持着相当明显的个性，即使在数学课堂中，他们也喜欢特立独行，他们更希望表达自己的观点，表达自己对所学知识的理解情况。比如，在小学二年级的数学课上，教师要求学生"用你自己喜欢的方式"说一说、画一画、写一写对 3 乘 4 的理解时，他们会问教师："我可以不用老师教过的点子图，用我自己喜欢的水彩笔画一些花草吗？"在得到教师的肯定回答后，学生画出了 3 排小花朵，每排有 4 个，而且还将画板换个方向，说也可以是 4 排小花朵，每排有 3 个，还可以把所有的小花朵分成 4 份，每份是 3 朵……虽然学生的表达会带来教学的时间拉长，但学生对 3 乘 4 的理解，得到了不同程度的加强。在课堂中，学生积极思考、努力探究，不仅能理解知识，还能创造性地表达自己对知识的新的理解层次，这不就是学生创新能力的培养过程吗！

学习是为了让学生有智慧，记忆不是智慧，重复不是智慧，理解才是智慧。理解是学生学习的动力，理解也拉动了学生主动迁移的方向。在课堂中，学生能够在数学学习中生成新的观点或新的迁移，这就是从浅层学习向深度学习的过渡。

二、理解促进人的个性发展

理解是将未知事物的变化和发展逻辑同人固有的认识相统一的过程。人在认识新事物、获取新知识的过程中，如果事物的发展逻辑与人原有的认识不发生对立、冲突或矛盾，我们就称之为理解，否则就称之为不理解或者难以理解。只有使数学知识以及学习数学的过程与学生这个认知主体的认识相统一的时候，学生才会产生自己的理解。因此数学的学习，要在根本上建构学生自己的理解。

理解不仅仅是一种认识、过程和结果，更是人存在的基本方式和特征。它对于人的个性的精神世界的建构，对于实现人的自我认识和自我理解，对于个体的人生经验的增长和扩大，都具有重大意义。

(一)理解带有强烈的个人色彩

有人问我："建构学生自己的数学理解，难道大家对数学的理解还不一样吗?"我的回答是："每个人对数学的理解都是不一样的。"即便是相同的数学知识，不同的学习主体也会产生不同的思考和处理方式。

对教师而言，教师对数学知识是熟知的，教师对数学知识的理解与学生对所学数学知识的理解完全不在一个层次上，它几乎是凌驾于学生的理解之上的。因此，教师讲明白了数学知识，这仅仅是教师对数学知识理解的阐述。

学生对数学的理解，是从每个学生自己的元认知出发的。我们应注意到的是，学生的元认知并不在同一起跑线上，学生的基础有一定的差别。从自己的元认知出发后，学生的态度与情感会影响学生理解数学的过程，同时理解数学的过程也会促进学生的态度与情感的发展。在理解数学的过程中，学生理解问题的方式、方法是因学生的不同情况而异的。例如，有的学生用的是图示法，有的学生用的是列举法，有的学生可能用的是演绎法，等等。而且学生对数学知识的理解速度也是不一样的，有的学生很快就找到了要领，发现了规律，有的学生可能要慢一些，同样也有更慢一些的学生。甚至对于数学学习，学生在大脑中的加工路径也可能是不一样的。因此，仅就一个小小的数学知识而言，学生的理解过程完全是不一样的。

再看学生对数学知识的理解结果，有的学生处于对知识的浅层理解水平，可能是背一背、记一记、练一练就感觉自己会了，觉得自己理解了，就不再对所学知识进行深刻的研究了。有的同学在理解知识的过程中，找到了自信，越来越喜欢研究与思考，能够开始辩证地看待自己所学的知识。例如，他会问自己，学这个干什么用？在使用过程中，为什么会出现这样的问题？……逐渐会对自己所学的知识进行意义上的建构，对知识背后的价值与应用产生好奇并开始着手研究。这样就会使得学生对所学的知识产生自己的新的理解。在学习的过程中，学生通过自己对数学的理解过程，不仅获得了知识，而且积累了丰富的情感、策略、思考，这将对学生理性地认识自己产生直观的影响，这就是学生建构的自己的数学理解。

因此，了解学生的元认知，认识到学生是发展中的人；每一个学生都具有发展的潜力，学生的发展是一个循序渐进、有规律可循的过程；理解学生的差异性是客观存在的，教师只有承认差异、尊重差异，针对差异去创设有利于各类学生发展的丰富的教育环境，才能使每个学生得到最大限度的发展。

(二)理解与数学思维的发展密不可分

数学学科本身的特点决定了数学学习必然要追求理解，这也恰好说明了理解也是数学教学的价值所在。数学是抽象的，这种抽象性不仅体现在数学研究对象的抽象性上，也体现在数学研究方法的抽象性以及数学语言符号的抽象性上。数学是研究现实世界中数量关系和空间形式的学科，研究数量、关系、结构、变化等。从数量到数，从数到式以及数与式的运算，从数字到字母，从字母到集合，从研究几何图形到研究空间关系，从研究常量到研究变量等，这其中的研究对象，来自生活实际，但在大多数情况下也远远超越了生活实际，变成了人脑对事物的抽象。有些研究对象以及它们之间的关系，往往在现实世界中并不存在，只是大脑对其影像的构想，从常态来说属于摸不着，甚至看不见的一种存在。一般情况下是感官不能感知的，也是不能用仪器实验测试出来的，学生没有办法离开自己的触觉、视觉等身体的感官来刻画对数学的理解。理解的过程需要大脑的重新加工和建构，因此这个过程只能为思维所把握。所以理解和数学思维密不可分，就像是一对绝佳拍档。

学生对数学的理解过程，依赖学生思维的发展过程；缺乏思维的发展，理解也会止步不前。简单地形容一下，我们要理解一个事物，思维的脉冲从四面八方涌来汇聚成一些思维的节点，就产生了新的理解。这些思维的脉冲再从思维的节点出发，继续前行，到下一个思维的节点汇集，如此往复。学生对数学的理解就是在一个个节点的联系中逐渐加深的。因此，没有思维的参与，就不可能有真正的数学理解。

我们看到，无论是学生学习数学的思维过程，还是在学习数学的过程中培养的数学思维方法与习惯，甚至是形成的思维能力，都带有学生浓厚的个人色彩。这样的理解过程，是学生个性发展的真实写照，这必将能够使学生展现真实的自我，促进自我的真实发展。

三、理解注重师生成长过程的建构

建立在理解的基础上的教育活动，是一种以人为对象，以塑造与建构人的精神世界为主要任务的社会实践活动。从这个意义上来讲，教育过程是一种唤醒，是一种体验，是一种视界融合，是一种对话，也是学生、教师理解他人和自我理解的过程。理解应该借助自己的人生感悟，对于自己理解出来的教与学的意义，用心去提炼内化，使之成为自己的理想信念，并外显为科学的教与学行为。通过不断地完善自己，激发自己的创造性，促进自身价值的实现，让人对生命的意义具有较为理性的理解，从而促进人的全面发展，使得生命的发展沿着更理想的路线前进。

(一)理解注重学生学习过程的建构

人们追求数学理解的过程就是建构理解对象的思维过程，是学生根据自身已有的知识经验，对教材上的知识信息或教师所讲的内容进行思维加工，建构其意义，努力将新的知识正确地纳入自身认知结构中，以此逐步拓宽自身的认知结构，并发现其本质和规律的思维过程。这种理解既包含一种逻辑化的理解，也包含一种创造性的建构。

在数学教学过程中，构建学生自己的数学理解，就是指在教师的引导下，学生通过自己认知结构的改变去理解所学到的数学知识。在和谐愉悦的氛围中，师生、生生之间进行平等、民主的交流；在教师的鼓励帮助下，学生能不断地对自己的学习提出挑战，不断激励自己思考；通过观察、猜想、证明等手段不断地质疑、释疑，引发思维的激烈冲突，通过自己的思考，逐渐建构起自己对数学的理解。在这个过程中，学生学到的不仅仅是知识与方法，还有包括知识与方法在内的态度与情感。

我们可以看到，虽然学生理解数学的过程不一样，对数学结果的理解层次不一样，理解的结果内化于心的程度也不一样，但是学生通过调动自己的全部感官与方法建构的对数学的理解，都会在理解数学的过程中，最大限度地演变成自己对数学的深度理解。在这样的过程中，学生主动自发地通过建构，积极探讨尝试，对自己的理解不断进行整理、总结、反思，这将使学生的头脑中形成自己的甄别与认识。这样的建构行为，会不断地影响着学生的思考与行动。学生的思考会越来越缜密，有辩证性、逻辑性，学生的行为也会越来越理性，这些都是学生的科学精神的重要组成部分。

(二)理解注重完善人格过程的建构

学生理解数学的过程，可以促进学生的成长由内而外真实地发生；使学生真正拥有解决问题的核心素养，拥有自己美好的未来。这样的过程，不仅会让学生逐渐从理解知识、掌握方法向深刻理解知识、理解他人过渡，而且在这样的过程中，通过不断积累经验，反思自省，更能让学生充分认识自己的优势与不足，理解自我，更好地成长。这真正体现了以人为本的教育教学理念，让不同的人有不同的收获。通过学生自己理解的形成过程，发现与唤醒他们的自我认识，使他们成为真实的自己。这能够将立德树人的教育教学理念进行分解、落地、深化。因此，构建学生自己的数学理解的过程是一个完善学生人格的过程，教师的作用就是和学生一起建构这样的过程，促进师生的共同成长。

我想，基于理解的数学教学，同样也会引领教师从数学教学实践者向数学教学的研究者进行转变，从研究数学，到研究学生学数学；从研究自己的教，到研究同伴的教；从研究数学，到研究基于理解的数学，帮助学生形成自我的理解。这样的过程恰恰也是教师成长的过程，这样也必将为教师搭建研究、展示、交流、成长的平台，这是学生成长的舞台，更是教师成长的路径。

我期盼在这样的成长的舞台上，尽情地绽放自我，研究着、收获着，师生一起在这点滴的成长过程中收获着属于自己的幸福。

第二章

"理解"视角下的
数学教育

数学的知识是载体，学生的能力是核心，人的发展才是最终目标。当我从理解的视角，重新理解数学教育的时候，我不禁有了一种茅塞顿开的感觉。教育是立德树人的事业，数学教育要遵循青少年的成长特点和规律，既要面向全体学生，又要适应学生个性发展的需要，使得人人都能获得良好的数学教育，不同的人在数学上得到不同的发展。在我们的数学课堂上，就是要通过引领学生构建自己对数学的理解，帮助学生认识数学，掌握数学知识，理解数学知识的内涵与外延。将数学的学习转化成学生自己认识世界、研究世界的工具，转化成学生认识自己、理解他人、获取幸福能力的力量。

第一节 理解数学教育的真谛，品味人格的养成

一、理解教育的真谛

人们常常简单地认为学校是把尽可能多的知识传授给学生的场所，这是错误的认识。学生的大脑并不是消极地接收知识的"容器"，教育是为了让学生学会思维。思维训练的目的是形成智慧，而不是储存记忆。如果学生必须靠死记硬背来学习，而不能自己去发现真理，那么在道德领域里，就不可能形成自主的个性。如果学生在智力培养的方面是被动的，那么学生道德系统的建立就会是被动的，人的发展就会受到制约。学校的目标应是培养能够独立思考、独立行动，又视为社会做出贡献为其人生第一要义的人。

教育的目的是发展人，培养能够理解自我、认识自我的人；培养能够辩证地认识自我、理解他人、理解社会、认识世界的有道德的人。这样，教育就构成了一个不可分割的整体。教育通过培养学生的思维能力，帮助学生形成自己对世界、社会等各方面的认知与理解。知识是教育过程的载体，学生在学习过程中关注知识很重要，但更重要的是学生在获取知识的过程中所获得的一切态度、情感与方法。使学生成为人格健全、个性和谐的人，而不是什么"专家"，这应始终成为学校的教育教

学的目标。因此，教育就是培养人，教育的过程就是加强德育、心理教育、人格教育的过程。教育应使学生爱国、有责任感、有素养；应注重实践，提倡尊重与合作。教育应该培养能够理解他人、理解自我，发现自我的优势与不足，能客观地、审视地认识自己的人，以便其在今后的生产生活中，充分发挥自己的能力，为国家、为社会、为人类做出自己的贡献，并在这个过程中，愉悦幸福地生活。

二、对数学的理解

恩格斯指出，纯数学的对象是现实世界的空间形式和数量关系①，这准确地概括了 19 世纪以前数学研究的主要内容，而且这一概括至今仍具有重要的意义。随着近代数学的发展，数学研究的对象已经超越了人们对数量关系和空间形式的最初意义的理解，在此基础上的形式、关系、结构等已经成为现代数学的研究对象。因此现代数学可以看作研究量和量变的科学。但拥有不同视域的人，对数学有着不同的理解。在数学家眼中，数学是研究思想、事物的抽象的科学，是人类研究世界、改造世界的工具；在科技人员的眼中，数学是编写的程序代码，是研究问题曲线、图形的走向等的基础，数学是科技进步的重要力量；在教师眼中，数学是思维，是帮助师生一起成长的学科；在学生的眼中，数学是一门课，是数以及数的计算，是图形，是证明，是解应用题，是思考，是解决问题……但无论哪一种认识，都很好地展现了数学作为人类思维的表达形式，反映了人们积极进取的意识、缜密周详的推理以及对完美境界的追求的特点。

(一)数学是人类历史发展的缩影

数学的发展史在一定意义上体现了人类的发展史。从古人计数开始，数学的雏形便开始形成。远古时代，古人开始用小石子检查放牧归来的羊的只数；或者用结绳的办法统计猎物的个数；用在木头上刻痕的

---

① 李友君、马淑兰：《从数学与现实的关系谈恩格斯关于数学的论断》，载《宁夏师范学院学报》，2009(6)。

办法记录捕鱼的数量等。之后，计数的符号和十进制的计数法慢慢得到了初步的发展。公元前 6 世纪到 17 世纪，数学得到了较为迅猛的发展，几何学出现了。毕达哥拉斯发现了三角形内角和与勾股定理，欧几里得完成了著名的《几何原本》，我国的祖冲之、杨辉等数学家在算数、代数、几何方面也具有很好的建树。牛顿和莱布尼茨的微积分以及后来文艺复兴时期笛卡儿的思想，都被人们认为具有划时代的意义。数学的发展，推动了社会的发展，或者说社会的进步促进了数学的发展。因此数学的发展与人类的发展紧密相连，可以说是人类的发展的缩影。

(二)数学是一种工具

伽利略说过："大自然，这部伟大的书，是用数学语言写成的。"自然界中的一切事物，都具有"数"与"形"两个侧面。因此，数学所描述的数量关系与空间形式，就自然成为物理学、力学、天文学、化学、生物学的重要基础，数学为这些科学提供了描述规律的语言和探索未知世界的工具。

人们的生产生活也离不开数学。购房、买车、天气预报、计算机的程序编码、火箭发射等都是由数学来支撑的，这使得人们的日常生活、工作等都离不开数学，数学在人们的生产生活中占据着举足轻重的地位，可以说生活中处处有数学。特别是当今经济高速发展，买卖经营、银行存贷、家产管理、股票交易，都在运用数学的计算、方法和思想。人们有意识或无意识地在用数学的知识、思想、方法或者数学的思维来高效、快速地解决日常生产生活中的实际问题。比如，许多人都知道 $1+2+3+4+5+6+7+\cdots$ 的速算方法，这种方法可用于处理钢管、电线杆等物件的计数问题。数学已经潜移默化地、深深地融入了人们的生活中，成为我们生产生活中必不可少的一种工具。

(三)数学是一种文化

数学发展的这幅素描尽管简略，但却表明数学的生命力根植于文明的社会生活。事实上数学一直是文明和文化的重要组成部分，帮助人们进行抽象的推理，激发人们对理想与美的追求。数学语言也已经成为人们日常生活不可或缺的语言。例如，电话号码、门牌号等数字语言，表示面积、体积等的符号语言，建筑设计中使用的几何图形语言，还有集合语言、逻辑语言，甚至是计算机程序编写的代码语言，等等。数学语言可以清晰、准确、条理清楚地呈现人们的思考过程，数学语言已经融入人们的生产生活中，处处可见。此外，数学还在分析问题、解决问题以及培养学生思维能力和创新能力等方面具有不可替代的作用。数学素养已经成为每一位公民都应具备的基本素养。

但是在日常生活中却又有人常常认为，学了数学没什么用处，或者觉得数学应用较多的只是数学的计算。这样的偏见，需要我们教师在数学教学的过程中加以纠正。人们没有发现或没有意识到，不仅数学知识应用广泛，润物细无声地融入我们的生活中，而且数学学习带来的思维上的价值更不可小觑，这是最重要的。如果教师的课堂教学具有对概念、原理的深入剖析，而且这种剖析蕴含着自己对知识的独到见解，这种见解也许基于对历史的了解，也许基于自身的研究积累，那么他的教学就有了文化内涵。

(四)数学是一种研究问题、思考问题的方式

数学以其独特的魅力，呈现在人们面前，带给人们的是它研究问题的方式方法，是数学思想的表达，是数学思维美妙的体操。提出问题、分析问题、解决问题是数学发展的重要途径，也是社会进步的重要途径。数学研究问题时的三问：为什么？什么是？怎么做？几乎涵盖了人们研究问题、解决问题的基本模式。教会学生进行数学思考，是数学学科教学的一个重要方面。通过数学学习，形成的研究问题的思路与方法，便于学生更加深入地理解数学，用数学解决问题，这是学生学习数学的一个重要方面。

三、理解数学教育的价值

数学在帮助个人形成理性思维、科学精神和促进个人智力发展的过程中发挥着不可替代的作用。数学教育承载着落实立德树人的根本任务、发展素质教育的功能。数学教育帮助学生掌握现代生活和进一步学习所必需的数学知识、技能、思想和方法；可以提升学生的数学素养，引导学生学会用数学眼光观察世界，用数学思维思考世界，用数学语言表达世界；可以促进学生思维能力、实践能力和创新意识的发展，帮助学生探寻事物变化规律；可以增强学生的社会责任感，在促进学生形成正确的人生观、价值观、世界观等方面发挥着独特作用。

数学教育以学生发展为本，面向全体，通过提升学生的数学学科核心素养，使人人都能获得良好的数学教育，使不同的人在数学上得到不同的发展。数学教育重视过程评价，一方面聚焦素养，不断提高教育质量，提高学生的学习兴趣，帮助学生认识自我，增强自信；另一方面不断引导学生感悟数学的科学价值、应用价值、文化价值和审美价值。

数学学科本身的特点，如抽象性、逻辑性等，使其带有尊重事实、追求真理、不断反思质疑等良好的科学品质。学习数学的人，久而久之就会形成严谨细腻、客观公正的人生态度。在数学学习过程中，学习者不断地克服困难，有理有据地研究问题，必将会使学习者形成脚踏实地、坚毅勇敢、百折不挠的良好态度。因此数学教育会促进学习者形成正直、坚韧、勇敢的良好品行。

2018年11月6日，中国人民大学附属小学的一节数学课给我留下了深刻的印象。六年级的侯老师通过"比的认识"一节课，让我们体会到学校、教师通过数学学习，培育人的过程。

教师从学生经常玩、喜欢玩的吹泡泡开始引入。澄清了泡泡液、泡泡精、水三者的概念与关系后，介绍了本课教学用到的工具以及它们的使用方法。在讲解时，教师并没有自己大段的独白，而是以问问题的方式，设置教学情境，提出关键问题。比如，教师用两个不同的瓶子里的泡泡液吹泡泡，并让学生观察，继而提出问题："老师吹出的泡泡怎么有的多，有的少呢？你觉得会是什么原因造成的呢？"学生纷纷表达自己的观点。学生猜测：泡泡精的多少不同，泡泡精的比例不同，等等。在同学们的交流过程中，每人都会发表自己不同的观点，有倾听、有思考、有规矩、有礼貌。通过学生表达的内容，教师可以看出学生的认知与思考情况。学生的表达方式也体现出，学生文明有礼，具有良好的交流习惯。同学们相互启发，同学之间、师生之间相互尊重。课堂氛围宽松、民主、和谐。我想说，通过这一节课，可以看到平时的课堂情况，可以看到教师在课堂中渗透的教育教学理念。

之后同学们通过动手操作，进行实验，配不同比例的泡泡液。学生分小组进行实验，分工明确。有操作的，有记录的(图 2-1)，秩序井然。最后学生将自己配制的泡泡液进行展示(图 2-2)，在兴奋的气氛中，学习数学。

图 2-1　学生实验并记录　　　　图 2-2　学生展示实验的结果

当学生将他们得出的结论呈现在黑板上(图 2-3)，汇报自己本组的实验实施情况以及结论形成的过程时，他们传达的是克服困难、勇于尝试、不惧失败的正能量。学生由开始的感性的课堂观察、实验、猜想逐渐变为理性的输出。比如，学生清晰地表达出：泡泡精占 3 份，水占 1 份，所以泡泡精与水的比是 3：1，而泡泡液是泡泡精＋水，也就是 3＋1 份，共 4 份，那么泡泡精与泡泡液的比就是 3：4。学生也通过图示直观地表达出了自己的思考(图 2-4)。这个过程中，既有学生的独立思考，又有集体的思维碰撞。课堂在欢快的气氛中，引发了学生的思考，培养了学生的探究意识，训练了学生的归纳能力。

图 2-3　学生的板书　　　　　图 2-4　学生的讲解过程

这堂课给我留下了深刻的印象。学校特有的文化已经融入数学课堂的教学中，这堂课很好地展现了课堂的四声模式——掌声、笑声、质疑声、辩论声，体现了交流、体验、提问、表达的课堂标准与自己独特的课堂文化。比如，学生有的没听懂就问，会说不同的观点，甚至会"明知故问"，但这一切也都在有序、科学、有礼的氛围中进行。同学们互相尊重、信任，如"我有不同看法""请某某同学回答""我替你作补充""感谢你的补充与指正"等，这才是学生的课堂。

数学教育不仅具有科学价值，而且具有人文价值，数学是科学与人文的共同基因。[①] 当今必须从整体上来考察数学教育，在知识与能力、认知与情感、理性与非理性以及内容与形式等方面，综合建构数学教育体系，充分发挥数学的教育价值。数学教育对公民科学文化素养的提高，理性精神的提升，完满人格的形成具有举足轻重的作用。这不仅反映了数学本身的特性，同时也体现了社会与个体多样化、多层次和个性化发展的需求。

数学教育是连接科学教育与人文教育的桥梁。数学教育不仅是探索真理的事业，还具有一种独特的人格气质。数学教育要重视知识、理论、方法、技能和应用，密切联系生活，培养学生应用数学的意识；还要兼顾社会的需求和个人的兴趣发展，让学生从数学学习中体验到数学

———————————

① 曹一鸣：《数学教育价值观的嬗变与重构》，载《教育研究》，2005(12)。

的美和本真的力量，培养科学精神，陶冶情操，从而建立一种个人的人性、理智、情感和社会互相协调的数学教育体系。数学教育的终极目标应放在人的培养上，强调从学生自身的体验和感悟出发，激发学生理解数学、喜爱数学，进而学好数学，用数学的思想方法去探索自然和人类心灵两大世界。

显然数学的理解过程与数学教育是和谐统一的，学生学习数学的过程是理解数学的过程，学生理解数学的过程就是数学的教育过程，同时也是学生人格养成的过程。在这个过程中，学生不仅能够理解数学知识，理解数学知识背后的价值与功能，而且学习过程中的一切行为与方法都会帮助学生构建自己的道德体系。从知识的浅层学习，到知识的运用、知识的再创造，再到知识的再学习以及道德系统的建立等，这些过程都有助于提升学生的学习品质，培育学生的健康人格。

第二节　整体把握数学课程，促进数学的理解

理解事物时，需运用过去已有的知识、经验，或在已有的知识、经验的基础上，掌握新的知识、经验。过去知识、经验的有无或多少，对理解能否顺利地进行，有着重要的影响。因此教师要特别关注学生已有知识、经验的基本情况，明晰今后要掌握的知识、经验，探寻二者之间的内在联系，区分不同阶段所展现出来的不同重点。因此整体把握数学课程，有助于促进数学的理解。

数学课程是我国培养公民素质的基础课程，是认识数学与自然、数学与人类社会的关系的课程，是认识数学的科学价值、文化价值的课程，是培养学生提出问题、分析问题和解决问题的能力，帮助学生形成理性思维，培养创新意识的基础性课程。我们的数学课程强调基础知识、基本技能、基本思想、基本活动经验（四基），关注学生的理性思维方式，追求使学生具有求真求实的科学态度、锲而不舍的研究精神。同时也强调对数学本质的认识和理解，注重提高学生的思维能力，发展学

生的应用意识，体现数学文化的价值，也注重信息技术与数学的整合等。

我国的数学课程可为我国公民的未来需要提供高水平的数学基础，以满足终身学习的需要。数学课程要努力让学生在问题、困难、挑战、挫折中，在选择、判断、协作、交流中，经历一个个学数学、用数学，进而发现问题、解决问题的过程，从而培养学生的能力，激发学生的学习兴趣，形成学生主动学习的良性循环。数学课程还强调通过数学建模等活动，尽可能多地为学生提供参与解决实际问题的机会，及时鼓励这种参与；尽可能使学生通过问题解决的过程获得成功感；通过与时俱进地落实四基，通过典型例子的分析，通过讲解数学概念和方法，通过追寻数学发展的历史足迹，把形式化的数学教学转化为学生易于接受的数学教学。

数学课程的教学要本着改善学生的学习方式的理念，不仅要让学生掌握一些基本的数学结论，更重要的是要让学生理解数学问题是怎样被提出的，概念是如何在具体背景中形成的，结论是怎样通过探索和猜测得到的，问题证明的思路和计算的方法是怎样被提炼的。在有了结论之后，还应该注意让学生理解结论的意义和作用，即要体现数学结论的来龙去脉，做到整体把握数学脉络，揭示数学的本质。

在我国，数学课程的设置与学段的设置相匹配，在不同的阶段选用不同的教材，开设不同的数学课程。这些课程的开设，与学生的年龄特点、认知结构息息相关，很好地契合了学生的不同的发展阶段。但是也因为学段的设置，教师的教学有些脱节，几乎小学、初中、高中教师都是"各扫门前雪"。备课、授课、教研也几乎都是在各自的范围内完成。极少有教师关注不同学段的数学课程，人们对数学课程的整体把握关注也较少。

数学各部分内容之间是相互联系的，学生的学习是循序渐进、逐步发展的。为了培养学生对数学内部联系的认识，需要将不同的数学内容联系起来，以加深学生对数学的认识和对数学本质的理解。相同的课程在不同阶段承担着不同的功能，这个不同不仅反映在知识的难易程度上，还反映在同一教学内容对学生所获得的技能和能力层次的要求上。立足中小学数学课程内容，培养学生的能力与素养，从学生的特点出发展开教学，这是在中小学数学教学中促进学生思维发展的基本指导思想。

回归数学学科本质，打通数学的上位知识与下位知识的联系，有效整合教材，理解不同课程的任务与目的；体悟中小学数学内容承载的思想方法、价值与功能；充分理解学生的主体性，了解各个学段课程承载的价值，以及对学生思维的促进作用，甚至是学生在每个阶段所具有的思维水平。这些都对教师展开新的教学起着重要的作用。教师只有整体把握中小学数学课程，才能抓住数学课程的内在联系，凸显主干，突出数学本质，帮助学生掌握通性通法；才能真正做到遵从学生思维发展的一般规律，有效促进学生思维发展，为学生今后的学习奠定坚实的基础。

下面，从几个具体的角度谈谈我对整体把握数学课程的理解。

一、整体把握数的发展

人类对数的概念的认识，是一个逐步发展的过程。"个别数→自然数→整数→有理数→实数→复数"，数的概念不断扩充与发展。一方面是为了解决数学内部的自身矛盾，另一方面是为了满足人类生产生活发展的需要。

当然学生对数的认识有几个阶段是非常困难的。

(一)对数字"1"的理解

在小学阶段，数学课程强调了在现实情境中抽象出数，理解数的意义，从对应的观点出发，通过将数与实际情境逐一对应，帮助学生来加以理解。在这个过程中，学生第一次经历了从数量到数的抽象，通过对数位的认识，从个位数开始逐渐认识多位数，理解不同数位上的数表达的不同意义。

　　比如，对数字"1"的理解。小学生进入一年级，开始接触数字，对数字"1"的认识，他们似懂非懂。在上小学前，在幼儿园阶段，或者在父母的影响下，他们知道数字 1，2，3，4，5，…，但到底什么是数字"1"，他们其实并不知道。小学的初始阶段，一般情况下都是结合具体情境，在数数的活动中，完成对数的认识的。能数出 1～10，对这 10 个数都是从多个实际背景中进行认识和理解的，这符合学生的年龄特点以及认知规律。但实际上对数字"1"，有些学生仍然不是很理解。

　　结合具体数学教学情境(图 2-5)，让学生感知数量"1"，1 棵树，1 座房，1 束花，1 架飞机，1 只小蚂蚁，1 头大象，1 袋大米，1 粒黄豆……在大量丰富的具体实物的背景下，在师生一起构建的各种情境的氛围中，让学生不断地感受"1"，加深对"1"的认识与理解。起初，一年级学生的注意力集中在颜色、动物、房子等外在的物理背景上，教师从这些不同的物理背景，甚至是互相冲突的实物背景中提出问题"有那么多的不同之处，但它们有相同的地方吗?"，逐渐地，在教师的引导下，学生从含有数量的具体情境中抽象出数字"1"。学生的理解是："虽然它们都不一样，但它们都是 1 个。"学生的思维得到了发展，从生活中具体的实物数量出发，抽象出了数量的概念，这对学生的数学学习而言，具有重要的意义。之后，认识数字符号"1"可以代表这个相同的数量，这可以视为学生认识与理解数学的启蒙，也是学生经历的从数量到数的第一次抽象思考过程。随后，学生会逐渐地认识到，数是可以一个一个增加的，数可以表示顺序，可以借助数位表达不同的数；还可以引导学生体会同一个数可以有多种不同的表示形式(图 2-5)。可以鼓励学生用自己的方式表示一个数，让学生体验"数学创造"的乐趣，加深学生对数的理解。

图 2-5 认识"1"

随着学生知识的不断丰富和思维的发展,学生对"1"的理解越来越深化。"1"可以视为基数,其他自然数(除 0 外)是由"1"连加所得的。

(二)对负数的理解

学生在数的认识方面遇到的第二个困惑是中学学的负数。其实负数在小学第三学段就已经出现了,但为什么到了初中之后,学生会产生理解上的障碍呢?在小学四至六年级,《课标(2022 年版)》要求学生"在熟悉的情境中了解具有相反意义的数量,知道负数在情境中表达的具体意义,感悟这些负数可以表达与正数意义相反的量"。此时学生是在大量的具体情境下认识负数的。比如,学生首先通过温度计这种直观模型来认识负数,体验零上与零下温度的差异(图 2-6);通过了解温度的表示方法,积累理解"一对意义相反的量"的活动经验,为理解负数打好基础。

图 2-6 温度教学情境

再结合具体情境(图 2-7)理解"＋""－"表示的实际意义，进一步感悟用"＋""－"分别表示意义相反的量，需要引入新的数(负数)，来扩充数的范围。

图 2-7 负数教学情境

此时学生通过温度、海拔、收入、支出等多种具体的生活情境，体会到了负数产生的必要性，理解了数的扩充的意义，但对负数本身的性质及内涵的理解并不深刻。

到了七年级，在教科书上负数一般会作为"有理数"这一章的开篇来呈现，是在前两个学段的学习基础上，通过添加负数这一类"新数"，使数的范围扩张到有理数，再利用数轴，借助几何直观表示等方法，让学生对负数进行进一步的理解与研究。通过将正数和负数、负数和负数之间的运算归结为正数之间的运算，进而定义有理数的运算，得出运算法则，并运用有理数的运算解决简单的问题。

事实上，小学阶段对于正整数、零、正分数等的认识经验，可以自然地延伸到有理数的学习中来。例如，回顾数的发展历史，通过"相反意义的量"的表示引出负数概念。虽然学生在日常生活和小学数学学习中已经积累了一些学习有理数的基础，但对学生而言，负数与他们从具体事物的数量中得来的观念并没有太多的共同点，这是由具体数学向形式数学的第一次转折。要完全解决转折中出现的问题需要学生拥有较强的抽象能力，因此学生对负数概念的理解不是一蹴而就的，需要积累大量的经验，逐步理解。

数轴是数形结合的产物。引进数轴后，可以用数轴上的点直观地表示有理数，这也为学生提供了理解负数、相反数的直观工具。引入相反数的概念，一方面可以加深学生对相反意义的量的认识；另一方面可以为学生学习绝对值、有理数运算做好准备。绝对值可借助距离的概念加以定义，在数轴上，一个点由方向和距离（长度）确定；相应地一个实数由符号与绝对值确定。这里，"方向"与"符号"对应，"距离"与"绝对值"对应，又一次体现了数与形的结合与转化。所以，对绝对值概念的理解可以促进对负数概念的理解，同时绝对值也是比较负数的大小、进行有理数运算的基础。

在此我们还可以看到，从数与形的角度不断对负数的概念进行剖析，可以加深学生的理解。引入数轴可以对负数的概念进行直观说明，引入绝对值可以对"具有相反意义的量"进行本质追踪。通过有理数的运算，尤其是负数介入的运算，如负数与正数相加减、负数与负数相加减等，不断地对负数的本质进行强化。同时也阐释了在"数与代数"中，运算是核心内容、"引进一种新的数，就要研究相应的运算"的思想。

尽管负数产生的合理性以及负数的概念被人们发现、接受并理解的过程是十分艰难的，但负数的引入，使得人们对实数的认识进一步完善。

（三）对无理数的理解

学生在数的认识方面遇到的第三个困惑来自无理数。毕达哥拉斯学派发现边长为1的正方形的对角线与边长之间的比不能表示为两个整数之比的形式。由勾股定理可知，如果一个直角三角形的两个直角边长分别为 $a=1$ 和 $b=1$，则斜边长 $c=\sqrt{2}$，但 $\sqrt{2}$ 不能表示为两个整数之比的形式。克莱因在他的《数学：确定性的丧失》一书中写道："数学史上这一系列事件的发生顺序是耐人寻味的，并不是按着先整数、分数，然后无理数、复数、代数学和微积分的顺序，数学家们是按着相反的顺序与它们打交道的。"[①]学生对无理数的认识其实并不全面，在小学有了对圆

---

① ［美］克莱因：《数学：确定性的丧失》，李宏魁译，232 页，长沙，湖南科学技术出版社，2007。

周率 π 的初步了解，但对于无理数的认知仅限于此。后面接触了类似 $\sqrt{2}$ 这样的无理数，但对其形式仍不太理解，觉得这不是日常所见到的数的样子，尤其是对根号的意义的理解并不清晰。

在教学中，可以通过设置问题情境，让学生在实际问题中完成对抽象的概念符号的理解。比如，对于根号的意义，就可以将其放在求正方形的边长这样的实际问题情境中来加深理解。

例如，已知面积求其边长的问题，如表 2-1 所示。

表 2-1 已知面积求其边长

正方形的面积	1	9	16	36	$\frac{4}{25}$
正方形的边长					

这样就把抽象的数学概念，通过具体的情境展示了出来。在具体的情境中，学生可以这样理解：已知正方形的边长求正方形的面积，与已知正方形的面积求其边长的过程正好互逆。这样也有助于学生将来理解平方运算与开方运算互为逆运算。在实际的问题情境中，学生很快可以发现问题的本质，它们都是已知一个正数的平方，求这个正数的问题。进而从具体到抽象，得出算术平方根的概念，理解算术平方根的意义。

要让学生真正理解算术平方根的意义，还需进一步的分析。有些学生貌似明白了算术平方根的意义，但实际上学生的心里并不踏实，觉得存在一种若有若无的、说不清道不明的感觉，这种感觉其实就是没有完全地理解。以 $\sqrt{2}$ 为例，正方形的面积是 2，那么正方形的边长是多少？即 $x^2 = 2$，因为正方形的边长为正数，所以根据算术平方根的意义，$x = \sqrt{2}$。那么 $\sqrt{2}$ 到底多大呢？我们来估算一下。

因为，$1^2 = 1$，$2^2 = 4$，

所以，$1 < \sqrt{2} < 2$，

因为，$1.4^2 = 1.96$，$1.5^2 = 2.25$，

所以，$1.4 < \sqrt{2} < 1.5$，

因为，$1.41^2 = 1.988\ 1$，$1.42^2 = 2.016\ 4$，

所以，$1.41 < \sqrt{2} < 1.42$，

因为，$1.414^2 = 1.999\ 396$，$1.415^2 = 2.002\ 225$，

所以，$1.414 < \sqrt{2} < 1.415$，

……

如此进行下去，可以得到 $\sqrt{2}$ 的更精确的近似值。事实上，$\sqrt{2} = 1.414\ 213\ 562\ 373\cdots$，它是一个无限不循环小数。而当时我们定义有理数的时候，是将整数和分数统称为有理数，或者将能够表达为 $\dfrac{m}{n}$，m，$n \in \mathbf{Z}$，$n \neq 0$ 的数称为有理数。如果此时我们将不能表达成分数形式的数称为无理数，显然太不好判断。因此此时应该变换有理数的表达方式。小数可以分为有限小数和无限小数，整数均可以化为有限小数，有的分数可以化为有限小数，有的分数可以化为无限循环小数。例如：

$\dfrac{1}{2} = 0.5$，

$\dfrac{1}{3} = 0.333\ 3\cdots$，

$\dfrac{1}{7} = 0.142\ 857\ 142\ 857\cdots$，

……

所有分数都可以化为有限小数或无限循环小数吗？答案是肯定的。我们考虑分数 $\dfrac{m}{n}$，m，$n \in \mathbf{Z}$，$m < n (n \neq 0)$，如果这个分数能化成有限小数，那么结论就成立了。如果不能化成有限小数，我们来验证它必将能够化成无限循环小数。因为 m 除以 n 时必将有余数，而且这个余数只能是 1 和 $n-1$ 之间的整数。依据除法的运算法则，由于除法在除不尽时都是用 0 来填位的，因此 n 次运算后，某个余数还要出现第二次，并且以后也会以周期形式出现。因此所有分数都可以化为有限小数或无

限循环小数。当然我们也可以证明出有限小数和无限循环小数都可以化为分数，这样对于有理数就可以用有限小数和无限循环小数来定义了，而无理数就是无限不循环小数。[①]

(四)对对数的理解

到了学习对数的时候，虽然学生已经到了高中，具备了较好的理解能力，但是他们仍然对对数的出现感到不适应，尤其是对对数的运算产生了很大的困惑。对于 $a^b = N\,(a > 0\ \text{且}\ a \neq 1) \Leftrightarrow b = \log_a N$，不论是 $\log_a N$ 的形式还是意义，部分学生都会觉得难以接受，甚至有的同学会将对数符号分开来看，或者对对数是一个数的认知产生怀疑。

究其原因，其实是对对数意义理解得不深刻。在学习对数之前，教材在初中整数指数幂的基础上，将幂的运算扩展到了整个实数范围，从而为对数的出现奠定了基础。对数概念，对于高一的学生来讲是一个全新的概念，此前，学生已学习了指数及指数函数，明白了指数运算是已知底数和指数求幂的值，而对数则是已知底数和幂的值来求指数，二者是互逆的关系。这就如同平方运算与开方运算一样。对数概念的引入，凸显了高中数学新课程理念中的"运算思想"和"函数思想"。对数概念的学习，既加深了学生对指数及其意义的理解，又为后面对数的运算性质及对数函数的学习做了充分准备，起到了承上启下的作用。

因此教师在进行对数的教学时，要让学生认清对数式 $\log_a N = b$ 的含义，明确 a，N，b 相对于指数式 $a^b = N$ 而言是什么数，并找出它们之间的关系；掌握各自的名称和式子的读法。

在关系式 $a^b = N$ 中，我们已经接触了以 a，N 为未知数的方程，如 $x^5 = 32$，$2^3 = x$ 等，那么以 b 为未知数的情形是怎样的？即如何求解形如 $2^x = 12$ 的方程呢？我们知道 $2^3 = 8$，$2^4 = 16$，那么 $2^x = 12$ 这样的 x 是否存在呢？大约是多少？怎么表示？从已经学习的指数函数 $y = 2^x$

---

① 史宁中：《数学基本思想 18 讲》，50 页，北京，北京师范大学出版社，2016。

（图 2-8）中我们可以看到，这样的 x 是存在并且唯一的，介于 3 和 4 之间。这样的一个数，我们如何表示？这就可以借助在关系式 $a^b=N$ 中，已知两个量求第三个量的问题进一步探讨。这也为学生理解对数式与指数式之间的关系做好了铺垫。对于等价的关系式 $a^b=N \Leftrightarrow \log_a N=b$，要通过不断地对对数、底数、真数的含义进行分析，使学生真正理解指数式与对数式的关系（图 2-9），让学生感受对数 $\log_a N$ 是一个数，表示指数式 $a^b=N$ 中的指数 b 的深刻含义。

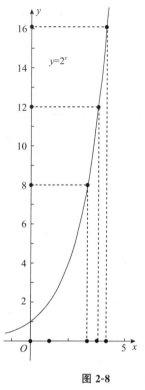

图 2-8

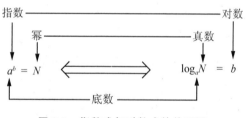

图 2-9　指数式与对数式的关系图

对数的运算是一个很好的运算教学的载体，学生经历了小学、初中九年的运算学习，对运算的认识更多的是停留在计算与技巧上，对于什么是运算，以及运算的意义，并没有形成很好的认识与理解。随着学生认知水平的提高，学生对运算的认识也应上升到一个新的水平，而对数的运算恰好可以起到这样的一个作用。

对于对数的运算法则：（$a>0$ 且 $a \neq 1$，$M>0$，$N>0$）

$\log_a MN = \log_a M + \log_a N$，

$\log_a \dfrac{M}{N} = \log_a M - \log_a N$，

$\log_a M^n = n \log_a M$。

即使学生自己进行了严格的证明，但在使用运算法则时仍然会频频出错。学生承袭性的运算经验，会让学生产生以下的错误认知：

$$\log_a MN = \log_a M \cdot \log_a N,$$

$$\log_a M + \log_a N = \log_a (M+N),$$

$$\log_a \frac{M}{N} = \frac{\log_a M}{\log_a N},$$

$$\log_a M - \log_a N = \log_a (M-N)。$$

这其实仍是学生对于对数的意义理解不深刻造成的。因此在进行对数的概念以及对数的运算意义的教学时，需要放慢步伐，进一步帮助学生加强理解。

(五)对虚数的理解

我们知道，当 a，b 为正数时，方程 $ax+b=0$ 在正数范围内没有解，当我们把数的范围扩充到有理数以后，这个方程在有理数范围内，恰有一个解：$x = -\frac{b}{a}$。方程 $x^2 - 2 = 0$ 在有理数范围内没有解，但是当把数的范围扩充到实数后，这个一元二次方程恰好有两个解：$x = \pm\sqrt{2}$。我们在解一元二次方程 $ax^2 + bx + c = 0 (a \neq 0)$ 的时候，会遇到 $\Delta = b^2 - 4ac < 0$ 的情况。这时在实数范围内方程无解。其根本原因是任何实数的平方都不可能是负数。这时一元二次方程没有实数解。进而考虑一元三次方程，如 $x^3 - x = 0$ 有三个实数解：$x = -1$，0，1。而 $x^3 - 1 = 0$ 只有一个实数解：$x = 1$。如此看来，在实数范围内，方程解的个数与方程次数的关系并不确定，一个自然的想法是把实数系扩大，可否使一元二次方程都有两个解，一元三次方程都有三个解……

为了解决这个问题，人们引进了一个新数。当时人们认为这个数是一个"虚幻"的数，便以"虚数"命名，并以英文名称中的字母"i"来指代。虚数"i"满足 $i^2 = -1$。引进虚数"i"之后，一元二次方程 $ax^2 + bx + c = 0$ 总有两个根：

$$x = \frac{-b \pm \sqrt{b^2 - 4ac}}{2a} (b^2 - 4ac \geqslant 0)，\quad x = \frac{-b}{2a} \pm \frac{\sqrt{4ac - b^2}}{2a} i (b^2 - 4ac < 0)。$$

一般来说，一元三次方程可化为一个一元一次方程和一个一元二次方程。例如，一元三次方程 $x^3-1=0$ 可化为 $(x-1)(x^2+x+1)=0$，即 $x-1=0$，$x^2+x+1=0$。解这两个方程得 $x_1=1$，$x_2=-\dfrac{1}{2}+\dfrac{\sqrt{3}}{2}\mathrm{i}$，$x_3=-\dfrac{1}{2}-\dfrac{\sqrt{3}}{2}\mathrm{i}$，这样该一元三次方程恰好有三个根。

以上方程的根可以统一表示为 $a+b\mathrm{i}(a，b$ 为实数) 的形式。由此引出复数的概念。复数的引进，实现了人们的一个理想：复系数的一元 n 次方程在复数范围内恰好有 n 个根。学生从这个角度理解数的发展，对复数的学习以及数的整体发展脉络会较为清晰，这也能为学生理解复数奠定基础。

数的概念的不断发展，使得数学内部的矛盾得以解决。负数解决了"不够减"的矛盾；分数解决了不能整除的矛盾；无理数解决了"开方开不尽"的矛盾；虚数解决了"负数不能开偶次方"的矛盾。这使得数学的运算一次次突破"禁区"，为推动数学的发展，奠定了坚实的基础。从数的扩充原则，到数集的扩充原则，数集实际上代表着数域的发展。甚至如果适当改变原有的数的扩充原则，数还可以继续扩充，人们可以用复数的数组来构造更高级的超复数，探索数学无限广阔的发展前景。

二、整体把握中小学数学的运算

前面谈到，数的发展经历了漫长的过程，不论是无理数、对数还是虚数的产生，运算是推动数概念发展的一个根本的原因。毫不夸张地说，没有运算，就没有数的发展，就几乎没有了数学。没有运算，人类就会永远停留在对序数（自然数）的认识上，静止在数数的水平。而有了运算，数系在追求运算封闭性的道路上就得到了不断完善和发展，并发展形成了代数学的基础。没有运算，向量就只是一个带有方向的线段，有了运算，向量就成为可以求角、求距离、判断垂直与平行等几何位置关系的工具，成为联系代数、几何、三角的桥梁；没有运算，矩阵就是一张数表，有了运算，矩阵就是一种线性变换，成为研究方程的重要工具；没有运算，集合就只能是孤立元素的堆积，而有了运算，集合就形成了结构体系，人们依据共同具有的运算性质，对带有运算的集合进行分类，就得到了各种各样的抽象代数的结构，如群、环、域、线性空间等。运算推动了数学的发展，人类的发展史，实际上也可以理解为是运算的发展史。

关于运算，《数学辞海》中把运算解释为"数的一些计算规则"。章士藻认为，运算是根据运算法则与公式对具体对象进行变形的演绎过程，它是讨论对象之间有何种联系的一种方法。[①] 显然无论哪一种对运算的理解，都表明运算在数学的发展中有着重要的、不可忽视的作用，这是毋庸置疑的。

"运算"包括两方面，一个是"运算的对象"，另一个是"运算的规则"。具体来说，运算的研究包括运算的对象、运算的意义、运算的算理和运算的算法。运算的核心思想是：产生新对象，定义新运算，循环往复。计算是运算的载体、工具、实践手段，是运算技能的构成要素和操作方式；算理是运算的核心，是运算的基本方向与内在要求，也是运算产生和发展的基础与根本，算理的逻辑性、科学性、严谨性、发展性是运算发展的基本原则；算法则是运算规律的升华与拓展，在运算中构造、设计、选择一个合理的算法，来理解相应的算理，这样的过程才是一个真正的运算过程。而算理的清晰与运算在新环境中的应用，都将会帮助学生加深对运算思想的认识，加深学生对知识本质的理解。

整体把握中小学数学的运算，从两个层面来理解：一是对所研究的数学运算的来龙去脉的整体认识；二是站在学生数学学习的整个过程中来把握。整体把握数学中的运算，不论是在课程目标、课程内容、思想方法方面，还是在学生学习方面，对推进教学研究、教学策略的选择，加深对教学内容的本质理解都具有重要的作用，而最终的目的，都是培养学

---

① 章士藻：《中学数学教育学》，115 页，北京，高等教育出版社，2007。

生严谨的逻辑思维、缜密的推理能力，培养学生勇敢地去探索新事物。

(一)整体把握"算术"运算

1. 理解"算术"运算的基础性

算术是小学阶段重要的学习内容，它的研究对象是自然数、正分数以及加、减、乘、除四则运算。运算推动了数的发展，因此从运算的角度来看，算术运算是研究加、减、乘、除运算的。算术运算融具体、直观、抽象于一身，从人们的经验而来，既很好地反映了现实的客观规律，又为数学的发展奠定了坚实的基础。算术运算中的加法、乘法运算，是所有运算的基础。与之对应的运算律——加法交换律、加法结合律、乘法交换律、乘法结合律、乘法分配律，是算术运算的基本定律。若认为乘法是对加法运算的扩张，则乘方可看作乘法的特例，开方运算则是乘方运算的逆运算，它们都属于算术运算的扩张，这为后续学习幂的运算，甚至是由整数到整式、由分数到分式、由有理式到无理式等的运算奠定了坚实的基础。这样的沿袭性，使得数学运算在其封闭运算发展的路上，能够自圆其说，不断向前发展。

算术运算的基础性，使得算术运算具有重要的地位与价值。能够更好地理解算术运算的意义和算理，形成良好的计算技能，是小学阶段重要的能力要求。教师经常会立足小学阶段学生的年龄与认知特点，结合算术知识由浅入深、循序渐进的特点，通过对运算对象及运算法则进行全方位的梳理与分析，强调数量关系，带领学生一起研究运算的性质，关注运算的结果。师生一起经历这样的运算过程，可以帮助学生理解运算的意义、算理和算法。

比如，在对学生进行两位数乘一位数的教学时，对于 12×4 的计算，可从实际问题情境"每个小熊玩具 12 元，买 4 个需要多少元"出发，展开对两位数乘一位数的探讨。学生的做法有 $12 + 12 + 12 + 12 = 48$（元），也可以是 $12 \times 4 = 48$（元），此时学生进一步理解了乘法与加法之间的关系，巩固、理解了之前学习的乘法的意义的有关知识。那么 12

乘 4 是如何计算得到 48 的呢？在教师提出问题之后，学生的讨论非常激烈，每个小组都展示了自己的思考方式，这为理解两位数乘一位数的算理埋下了伏笔。（图 2-10 至图 2-12）

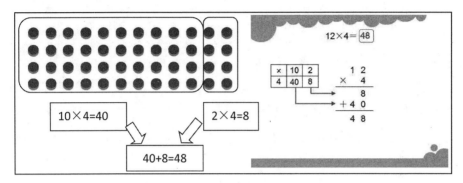

图 2-10　用点子图、表格、竖式来理解

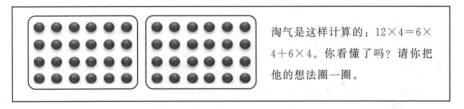

图 2-11　学生想法圈一圈

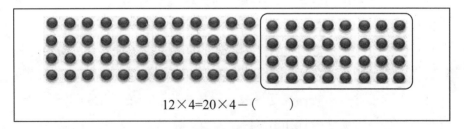

$$12\times4=20\times4-(\qquad)$$

图 2-12　从减法角度理解

方式 1：$12+12+12+12=48$（元），学生根据乘法与加法之间的关系来理解。

方式 2：使用具体的纸币模型。12 元就是 1 个 10 元，2 个 1 元，买 4 个的话，需要 4 个 10 元，4 个 2 元，4 个 10 元是 40 元，4 个 2 元是 8

元，一共需要 $40+8=48$(元)。

方式 3：用点子图圈一圈，可采取多种圈图方式。

方式 4：用表格列一列，可采取多种列表格的方式。

方式 5：甄别归纳学生在方式 3、方式 4 中的做法。在实际操作中(图 2-10)，可将竖式计算与圈点子图和列表格联系起来，用多种方式帮助学生理解 $12×4$ 的算理。例如，在竖式计算中，$12×4$ 的第一步 $2×4$，用点子图理解是每行 2 个，有 4 行；用表格理解是 2 乘 4。用同样的方法再从不同角度理解竖式中的 $10×4$，每一步的竖式计算都对应着点子图和表格来加深理解，通过三者之间的相互呼应，让学生从不同的侧面，理解 12 乘 4。

方式 6：进一步扩展，如图 2-11 所示，可以把 12 分成两个 6，即 $6×4+6×4$。当然也可以将 12 分成任何相加等于 12 的情况，可以是 $10×4+2×4……$

方式 7：更有意思的是，学生也可以从 $20×4-8×4$(图 2-12)，或者 48 除以 4 等逆向的角度，对 $12×4$ 进行理解……

学生可以从学习过的一位数乘一位数、整十数乘一位数，过渡到两位数乘一位数；从加减法的运算，过渡到乘法的运算，再过渡到除法的运算，之后从除法的运算再回忆乘法的运算来加深理解。这样的过程使学生理解了知识发展的前后顺序，加深了对算理的理解；多维度、多视角地让学生全方位地对两位数乘一位数的算理进行了理解。主动建构两位数乘一位数的算法，这不仅使学生经历了从直观到抽象的认知过程，而且学生的思维在不断地接受挑战和碰撞中得到了有效的强化和发展。这样的过程，帮助学生打开了思维的通道，帮助学生从单一的思考向多维度思考过渡，这样学生才会真正理解乘法运算。

2. 理解算术运算的架构作用

如果从初等数学的运算方法或规律看，中学阶段所学的代数运算本质上仍是算术运算，算术运算为中学代数运算提供了重要的骨架。

比如，中学代数中的基本运算只比小学多了乘方运算和开方运算，开方运算是乘方运算的逆运算，这些其实都可以归结为是由算术运算中的乘法运算演变而来的。无论是整式的运算、解方程，还是因式分解、幂的运算等，这些代数运算其实根本上运用的都是算术运算——加、减、乘、除。算术运算中重要的运算律，在代数运算中也基本都适用。例如，乘法交换律、乘法分配律，这些都是在算术运算的框架下进行延伸和完善的。

虽然在高中向量的运算中，向量的运算不再满足乘法结合律，这是由向量自身既有方向又有大小的独特特点造成的，这也体现了向量根据其性质在遵循算术运算的基础上所进行的微调与发展，但这并不影响算术运算为代数运算提供的架构作用，向量的其他运算仍然遵循算术运算的基本脉络和性质。虽然高中所学的集合之间的运算具有特殊性，但研究集合中的元素时，所用到的运算仍是加、减、乘、除等算术运算。

中学学习的重要的函数，也与算术运算息息相关。若给定一函数，对于其自变量在某一范围内的每一个确定的值，按照对应法则，因变量都有唯一确定的值与其对应。函数之所以有这个"单值对应"的要求，根本上是为了使自己能够成为算术运算的对象，以确保得到确定性的运算结果。算术的四则运算关系其实也可以概括为函数关系，四则运算结果的确定性就是单值性，此时初等代数运算与算术运算并无质的区别。[①]幂函数、指数函数、对数函数、三角函数、导数、微分、积分等运算中也都包含四则运算。可见算术运算的加、减、乘、除，以及加法运算律、乘法运算律，在整个中学代数中起着至关重要的作用。

(二)深度挖掘代数运算的结构特征

在初中阶段，字母表示数的大量出现，从数到式的过渡，符号意识的进一步增强，使得学生的抽象能力、推理能力得到进一步的发展。字

---

① 方运加：《算数的数学教育地位不可削弱》，载《中小学数学（初中版）》，2020(10)。

母表示数，使得运算的研究对象从数发展到式，字母可以像数一样参与运算，并且运算的结果具有一般性，这逐渐拉开了代数运算的帷幕。

字母的介入，使得运算的对象由具体的数，变成了不仅有数，还有字母和式子。运算的对象更复杂、抽象，更具一般性，因此在代数运算中，运算对象的关系、结构特征以及其承载的价值与功能受到了人们更多的关注。

但是部分教师对运算的学习规律和学生的心理特征缺乏了解，认为运算中出现的问题都是在小学阶段造成的，尤其是对学生由数的运算过渡到符号化的式的运算的难度估计不足。在高中阶段，约47%的教师认为运算不是高中教学的任务。因此，在讲授分数指数幂、对数、三角函数、数列、向量、复数等方面的运算的过程中，基本都是一带而过。他们对运算的产生与发展、背后算理的价值与意义挖掘得不够深刻，我们认为这是中学阶段因运算而产生学习困难的两个重要原因。

下面我们一起来理解在研究二次函数时配方法的结构特征的作用。

问题1：为什么说配方法是研究二次函数的重要方法？

问题2：在研究二次函数时配方法的作用是如何体现的？

在中学教材中，以人民教育出版社出版的教材(后文会简称其为人教版)为例，配方法最早出现在其出版的九年级上册数学教科书的一元二次方程的解法中。在学生学习了形如 $x^2=4$ 的方程的解法后，教材在求解形如 $x^2-2x=3$ 的方程的根时介绍了配方法，使用直接开平方法解一元二次方程，从而对一元二次方程的解法进行了拓展，这其实也为配方法的作用埋下了伏笔。同时借助配方法推导出了一元二次方程的求根公式，介绍了求解一元二次方程的通性通法。在学习二次函数的图象与性质时，学生通过函数值的计算，列表、描绘图象的方法，获得了关于函数的感性认识，初步了解了函数的意义。学生在此时已经可以通过配方法感性地研究函数的一些性质了，并得到了二次函数的顶点坐标与对称轴。但之后学生便只是牢牢记住顶点坐标与对称轴，对于研究函数的方法并没有给予足够的重视。

我在前期调查与访谈中发现，学生虽然在初中就知道了二次函数的解析式的三种结构，会求对称轴与顶点坐标，但他们对二次函数的认识更多地停留在了定性的描述上，而从函数解析式的结构特征来分析函数的图象与性质，从对函数感性的分析上升为理性的定量分析，对于学生来讲是比较困难的。此外，一部分学生代数运算变形的技能还达不到熟练的程度，在课前的预测中发现，他们在用配方法进行运算时出现了比较多的问题。

对某校学生进行的有关配方法的调查结果表明(图 2-13)，学生学过配方法，但因并不理解，很多同学已经将其忘记了。在两道简单的配方计算中，学生全对的只占 19％，55％的学生连配方计算都没有掌握，甚至有的学生还在询问什么是配方法。学生之所以对学过的配方法感到陌生，一个重要的原因是学生并没有理解配方法的算理。把运算的规则上升到算理的层面，这对于理解算理而言具有重要的意义。理解算理是发展运算能力的一个重要方面，这就不得不重申配方法的算理，它实际上是依靠完全平方 $a^2 \pm 2ab + b^2 = (a \pm b)^2$ 为理论依据的，并且平方的产生与作用，也会为研究二次函数的图象与性质奠定良好的基础。这一系列的思维过程构成了配方法真正的意义与作用，这种思维方式，才是运算思想的具体体现。

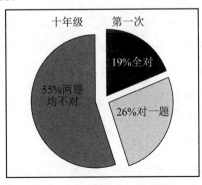

图 2-13　学生问卷调研结果

其实我们发现，配方法将二次函数的一般式变形成了顶点式，使得函数解析式的代数结构拥有了几何意义。借助配方法的意义，来说明二次函数为什么具有这样的图象与性质，这正是数学运算带来的价值。

下面就让我们一起看一看配方法的真正意义与价值。

以二次函数 $y=x^2-2x-3$ 为例，通过配方之后变成 $y=(x-1)^2-4$ 的形式，我们发现：其解析式含有一个平方项和一个常数项。这时平方的意义就显现出来了，我们发现 $(x-1)^2\geqslant0$ 恒成立，所以 $(x-1)^2-4\geqslant-4$ 恒成立，这也就进一步说明了函数的最小值是 -4。而图象反映出来的顶点的纵坐标就是 -4，因此函数图象的最低点的几何特征与函数的最小值是 -4 对应了起来，这使得顶点坐标拥有了几何意义。而理解这个问题的关键恰恰是平方项，这可以说明配方法将二次式转化成平方式的一个作用。

我们再看，为什么 $x=1$ 是函数 $y=(x-1)^2-4$ 的对称轴？二次函数 $y=ax^2+bx+c(a\neq0)$ 为什么是轴对称图形呢？

其实我们看到如果函数 $y=(x-1)^2-4$ 在 $x=1$ 的两侧任取与 $x=1$ 距离相等的值，那么相应的函数值总相等（表 2-2）。

表 2-2

x	$\cdots$	-1	0	1	2	3	$\cdots$
y	$\cdots$	0	-3	-4	-3	0	$\cdots$

即设 $f(x)=ax^2+bx+c(a\neq0)$，总是满足 $f(1-x)=f(1+x)$，可见函数的图象是关于 $x=1$ 对称的，下面我们来证明。

在 $x=1$ 的两边取两个对称的值：$1+h$，$1-h$（设 $h>0$）。

$f(1+h)=(1+h-1)^2-4=h^2-4$，

$f(1-h)=(1-h-1)^2-4=h^2-4$，

即 $f(1+h)=f(1-h)$。

这就是说二次函数 $y=x^2-2x-3$ 关于直线 $x=1$ 对称。

从函数的观点我们不难给出上述解释。但是从运算的观点上我们看到，其实这仍然是配方法中的平方式在起作用。我们知道任何一个平方式 $(x-m)^2=n^2$（设 $n>0$）总有两个不等实根，$x_1=m+n$，$x_2=m-n$，这两个根在 $x=m$ 的两侧，并且与 $x=m$ 等距，也可发现 $f(m+n)=f(m-n)$ 在其定义域内总成立，因此这个平方式所对应的图象总关于 $x=m$ 对称。

通过配方法，其解析式发生了变形，运算带来的价值又有了新的一层表现。例如，函数 $y=x^2-2x-3$，通过配方之后变成 $y=(x-1)^2-4$ 的形式，我们发现：自变量在解析式中出现的形式更加简洁。这就使得我们研究函数自变量的变化时更具有简洁性。当自变量发生变化时，我们可以由顶点式清晰地看到函数值的变化、函数图象位置的变化。例如，我们可以清晰地看到 $y=x^2$ 这个重要的二次函数的图象是如何变化成 $y=(x-1)^2-4$ 的，这对于研究函数图象的变化又提供了有力的依据。

$y=x^2 \rightarrow y=(x-1)^2 \rightarrow y=(x-1)^2-4$，函数解析式的变化，使得我们不仅可以直观地看到函数图象的变化，而且能从数的角度理性地说明图象为什么会有这样的变化。比如，二次函数由 $y=x^2$ ① $\rightarrow y=(x-1)^2$ ②，函数图象向右平移 1 个单位，从数的角度可以解释为：

在函数①中，当 $x=1$ 时，$y=1$，函数图象对应的点为 $(1, 1)$，

在函数②中，当 $x=2$ 时，$y=1$，函数图象对应的点为 $(2, 1)$。

我们可以看到点 $(1, 1)$ 向右平移了 1 个单位变成了 $(2, 1)$，如此这般，二次函数图象上每一个点都具有这样的特征，因此图象整体呈现出来的就是由图象①向右平移了一个单位得到图象②。

数据反映出的取相同的函数值时，两个函数自变量的变化所表现出的几何特征就是函数图象位置的变化。这种表现的直观性在配方后得到的顶点式中直接呈现了出来，但这些意义与价值在从函数解析式 $y=x^2-2x-3$ 中我们是无法直接看到的，只有通过配方法将其形式变成顶点式后，才能为我们研究二次函数的图象与性质找到真正的工具，这也

正是配方法带来的价值。在教学中，如果我们将配方法讲成单纯的计算，就失去了配方法所带来的价值，学生也就不能领略数学真正的魅力，体会数学真正的价值了。可以说配方法促进了学生对二次函数图象与性质的研究和理解，体现了研究函数时对函数解析式进行变形，从函数解析式的角度去研究函数的一般方法，所以说配方法是研究二次函数的重要方法。

另外在教学中教师要进一步揭示解析式的形式不同，其直观指向的几何意义则不同的事实，让学生认识到通过运算律和性质对函数解析式进行恒等变形的重要意义和价值，从而使学生认识到运算在解决上述问题时的基础性和工具性作用。激发学生思考，使学生产生关注解析式结构的愿望，这样教师也能很好地把握教学的起点，掌握学生的元认知情况。

同时我们也发现，运算自身具有较强的目的性，更多的是指向解决问题的需要。例如，通过让学生指出函数 $y=4(x-1)^2+1$ 和 $y=(2x-3)^2+1$ 的对称轴的办法，帮助学生回顾配方法要达到的结构特征，使学生理解代数式的运算变形具有目标性与指向性，这样在学生用配方法进行运算时就会明确运算变形的目的，从而选择更加合理实用的结构表达形式。

可以通过一定的配方练习，来巩固、提高学生的计算能力。讲清算理 $a^2 \pm 2ab + b^2 = (a \pm b)^2$，通过 $\square^2 \pm 2\,\square\,\bigcirc + \bigcirc^2 = (\square \pm \bigcirc)^2$ 这样的模型，让学生在头脑中准确、清晰地呈现完全平方公式的"结构"，这实际上是依托运算律去改造代数式结构的过程，使每一个数或符号出现在结构中的正确位置，表现出正确的形式。这有利于学生在头脑中建立代数结构意象，提高学生的计算正确率。通过用配方法求出二次函数 $y = ax^2 + bx + c(a \neq 0)$ 的顶点坐标与对称轴，还可以将配方法放在更复杂的环境中进行检验，加强学生对配方法的理解，这也是对配方结果的再说明。

$$y = ax^2 + bx + c$$

$$= a\left(x^2 + \frac{b}{a}x\right) + c$$

$$= a\left[x^2 + \frac{b}{a}x + \left(\frac{b}{2a}\right)^2 - \left(\frac{b}{2a}\right)^2\right] + c$$

$$= a\left(x + \frac{b}{2a}\right)^2 - a\left(\frac{b}{2a}\right)^2 + c$$

$$= a\left(x + \frac{b}{2a}\right)^2 + \frac{4ac - b^2}{4a}。$$

这种一步步由具体到抽象的过程，是加深学生对配方法的理解的一个有效手段，也是通过运算培养学生抽象思维以及逻辑思维的绝佳时机。

三、整体把握图形与几何

几何学是研究现实世界中物体的形状、大小与位置关系的数学学科，是人类认识和表达空间的非常好的途径和载体。史宁中教授指出，人们从物体的存在形式中抽象出关于图形以及图形关系的概念，构成数学的研究对象。[1] 几何学的建立使得数学从经验转化成了理性，从特殊上升到了一般。欧几里得的《几何原本》成为人类建构科学体系的一种思维过程的代表。笛卡儿发现可以用代数的方法研究图形的几何性质，微积分思想逐渐产生。几何学沿着几何直观、解析几何和向量几何的方向不断发展着。几何学习为发展人的空间想象能力、逻辑推理能力架构起重要的桥梁，虽然逻辑推理并不仅仅表现在几何学中，但几何学习中埋藏着丰富的逻辑推理的素材与机会。因此，在几何学习中，不仅要通过树立空间观念，发展学生的直观想象和逻辑推理能力，也要从抽象的角度认识几何的发展。几何的研究对象是图形，包括平面图形和空间几何

---

[1] 史宁中：《基本概念与运算法则：小学数学教学中的核心问题》，52 页，北京，高等教育出版社，2013。

体。因此，研究平面图形和空间几何体的几何特征，发展学生的空间观念、直观想象和逻辑推理能力是几何学教学的重要内容。

我们发现，在我们的教材中，几何学习遵循了从一般到特殊的过程。经历了从对具体实物模型进行直观观察与度量的宏观研究，逐渐转向对构成几何体的元素以及元素之间的关系等方面进行研究的过程。这是从宏观的感性观察，向微观的理性分析的过渡。也就有了基于现实，又超越现实的抽象的存在。

我国的中小学教育可分为小学、初中、高中三个阶段，以下展示的是各个阶段中关于几何学习的目标内容，主要从知识技能和数学思考两方面进行了阐述。

在小学，学生经历从实际物体中抽象出简单几何体和平面图形的过程，了解一些简单几何体和常见的平面图形；感受平移、旋转、轴对称现象；认识物体的相对位置；掌握初步的测量、识图和画图的技能。在从物体中抽象出几何图形、想象图形的运动和位置的过程中，发展空间观念……在观察、实验、猜想、验证等活动中，发展合情推理能力，能进行有条理的思考，能比较清楚地表达自己的思考过程与结果。

进入初中，几何的教学遵循点、线、面的研究路径，学生探索并掌握相交线、平行线、三角形、四边形和圆的基本性质与判定，掌握基本的证明方法和基本的作图技能；探索并理解平面图形的平移、旋转、轴对称；认识投影与视图；探索并理解平面直角坐标系及其应用。在研究图形性质和运动、确定物体位置等过程中，进一步发展空间观念；经历借助图形思考问题的过程，初步建立几何直观。体会通过合情推理探索数学结论，运用演绎推理加以证明的过程，在多种形式的数学活动中，发展合情推理与演绎推理的能力。

到高中之后，教学以柱体、椎体、球等几何模型为研究的基本载体，让学生对构成几何体的元素以及元素之间的关系加以判断及应用。帮助学生逐渐形成空间观念，遵循从整体到局部再到整体，从具体到抽象再到具体的原则，帮助学生认识空间几何体的结构特征，让学生学会用准确的数学语言表达、解释、证明。

解析几何的核心本质是用代数的方法研究几何问题。通过建立坐标系，将方程的解与坐标系中的点进行对应，从而将方程与几何图形紧密连接，并用方程的观点来解决几何中的问题。这为学生打开了学习思考的另一扇窗，将学生所学的代数与几何紧密地联系在了一起。这使得学生对世界的认识，对数学学习的理解打开了更宽广的空间，也激发了学生学习的兴趣。但此时几何的学习仍然没有结束，如果说解析几何是用代数的方法来研究平面中的几何问题，那么向量与坐标系的完美结合就使得空间几何问题可以完美地转化成数学的代数和运算问题。这也是学生学习的另一个重要方面，是学生认识理解图形与几何的另一个视角。我们看到无论是几何对象自身的元素，还是几何对象与对象之间的位置关系，都可以用数的运算来进行刻画。

（一）不同学段对三角形内角和的理解

问题：小学学习了三角形内角和是180°，为什么到初中后仍然要学习这个内容呢？

我们来看，在小学，学生通过折一折、拼一拼、画一画、量一量等各种亲身参与的动手实践活动，从直观上感知了三角形内角和是180°。此时学生对三角形的内角和的理解是感性的，是基于具体的三角形实物模型，通过自身的测量感知和猜想的。到了初中的八年级，如果教师也仅从这个角度出发，通过拼接的方式再次验证，得出三角形内角和是180°的结论，之后就使用该结论针对各种题目进行训练的话，就失去了数学教学的意义。

我们应该看到，小学的感性认知，是建立在学生年龄特点和认知规律上的，他们还不能接受较为复杂或者较为严密的逻辑推理与证明，他们的学习经验也不足以支撑他们对此内容进行深刻理解。但随着学生年龄的增长、认知水平的提升，以及学习经验的增长，学生应该在原有的基础上进一步理解为什么"三角形内角和是180°"，以及此结论带来的一些价值。当然考虑到中小衔接的必要性，我们可以让学生回顾小学的一些做法，通过拼接等方式来展开教学，继而提出问题，对所有的三角形，这个结论都成立吗？这样就将学生的思维从特殊引向了一般。（图2-14）

想一想：

三角形的三个内角和是多少？

任意一个三角形的内角和等于180°，有什么办法可以验证呢？

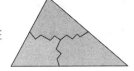

方法一：通过具体的度量，验证三角形的内角和为180°。

方法二：剪拼法。

三角形的三个内角和等于180°，

这一结论对任意三角形都成立吗？

想一想：

已知：△ABC，

求证：∠A+∠B+∠C=180°。

证明：过A作EF∥BC，

所以，∠B=∠2（两直线平行，内错角相等），

∠C=∠3（两直线平行，内错角相等），

因为，∠2+∠3+∠BAC=180°（平角的定义），

所以，∠B+∠C+∠BAC=180°（等量代换）。

开启智慧：

你还有其他方法来证明三角形内角和定理吗？

添加辅助线思路：构造平角或构造同旁内角。

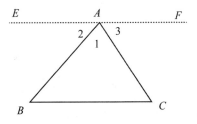

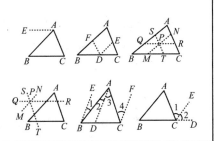

图2-14 课堂教学实例

我们从上述课例(图 2-14)中可以看到，教师首先通过让学生回顾求三角形的内角和的拼一拼、剪接等办法，提出"结论对任意三角形都成立吗？"的问题。教师试图通过对一个特殊三角形的拼接或度量，提出有规律性的猜想，然后再从学生刚才拼接的过程中提炼证明的办法，这样教师将拼接图形时的痕迹留下，从实际问题出发抽象出数学模型，再提出辅助线的添加方法就显得很自然了。学生也易于接受这样的推理方法。经过严格的证明得到三角形内角和是 180°。之后，通过提出问题"你还有其他方法来证明三角形内角和定理吗？"，师生总结、归纳出很多添加辅助线的方法，进而证明此结论。这样的设计，表面上看关照了学生已有的元认知，从学生已有的经验出发，甚至关注了学生直观的推理向抽象的推理的过渡，注意了中小学知识和认知的衔接，在一定程度上起到了在原有基础上发展学生的推理能力的作用。但是我认为此时教师对学生的推理思维认识不足，对学生初步的缜密的推理思维的培养显得有些急功近利了。

试问，学生的推理能力真正得到发展了吗？学生的推理思维的发展点在什么地方？辅助线的添加对于学生来说本身就是一个难点，这需要教师在教学过程中重点关注并逐步突破。学生看到了通过辅助线可以将三角形的三个内角的位置进行转移，使其连接在一起，从而形成一个平角。但是为什么会添加这条辅助线？仅仅是因为拼一拼时的痕迹吗？这是学生在实际解决问题时最为薄弱的环节。如果这个问题不解决，表面上看，学生好像通过大量的练习加强了推理能力，但实际上学生并没有真正形成几何学习应具备的研究问题的思路与方法，没有理解图形与几何背后的思维价值。久而久之，就会造成照猫画虎的局面，对学生真正的推理能力的培养还有很长的路要走。

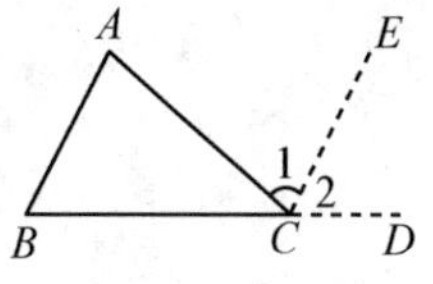

事实上研究几何问题时思考方式是这样的：在平面上任取一点作一直线，不妨把这点取在点 C 处，延长 BC。要证 $\angle A + \angle B + \angle ACB = 180°$，我们发现，等式的左边是角，右边是度数，而在

图 2-15

图形中并没有度数，因此转化为 $\angle A + \angle B + \angle ACB = \angle BCD = \angle ACB + \angle ACD$（图 2-15），从等式中发现，只需证明 $\angle A + \angle B = \angle ACD$ 即可，那么我们可以作 $\angle 2 = \angle B$，去证明 $\angle 1 = \angle A$，这样问题就迎刃而解了。这样的思考方式可以让学生真正体会辅助线的由来，体会推理的精髓。数学重视的是发现与创造，学习数学追求的是理解，而不是证明。只有体会到这一点，学生的推理思维才能得到真正的发展，这样对图形与几何的学习才真正地拥有学习的价值与意义。

(二)不同学段对圆的对称性的理解

"圆"是最基本的平面几何图形之一，圆的内容在几何学习中占据着至关重要的地位。圆是最简单的曲线图形，是几何中由直到曲的重要转折点。既是轴对称图形又是中心对称图形是圆的一个非常重要的本质特征，这个本质特征在圆的研究中起着十分重要的作用。

问题：圆为什么是轴对称图形、中心对称图形呢？

1. 小学阶段对圆的对称性的探索与发现

在小学，学生通过折纸活动，探索并发现圆是轴对称图形，并可以画出圆的对称轴。通过车轮等具体实际几何模型，学生能够感知圆是中心对称图形（图 2-16）。

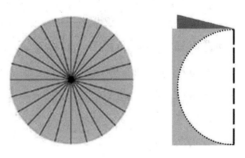

图 2-16　圆的对称性

2. 初中阶段对圆的对称性的广泛应用

在九年级，学生再次学习圆的有关知识。从圆的概念、与圆相关的元素及其性质入手，进行了一系列的深入研究。例如，垂径定理及其推论："垂直于弦的直径平分弦以及弦所对的两条弧；平分弦（非直径）的直径垂直于这条弦，并且平分这条弦所对的两条弧。"该定理也体现了圆的轴对称性。

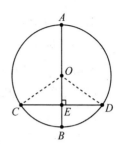

图 2-17

如图 2-17 所示，在 $\odot O$ 中，AB 为直径，CD 是弦，$AB \perp CD$ 于点 E，求证：$CE=DE$，$\overset{\frown}{AC}=\overset{\frown}{AD}$，$\overset{\frown}{BC}=\overset{\frown}{BD}$。

证明：连接 OC，OD。

因为，OC，OD 是 $\odot O$ 的半径，

所以，$OC=OD$，

因为，$\triangle OCD$ 是等腰三角形，

因为，$AB \perp CD$，

所以，$CE=DE$，$\angle COE=\angle DOE$（等腰三角形三线合一），

所以，$\overset{\frown}{BC}=\overset{\frown}{BD}$，$\angle AOC=\angle AOD$，

所以，$\overset{\frown}{AC}=\overset{\frown}{AD}$。

从垂径定理的描述以及证明中，我们可以看到，圆能够具有这样特殊性质的根本原因，是圆具有轴对称性。圆的轴对称性是垂径定理的内在保证。不仅如此，我们从图 2-18 还可以看到，利用圆的轴对称性，可以使得垂径定理及其推论得到有效的证明，并且切线长定理——"从圆外一点可以引圆的两条切线，它们的切线长相等，这一点和圆心的连线平分两条切线的夹角"，也是对圆的轴对称性的一种体现。而且还可以继续延展为"垂直于弦的直径所在直线上的任意一点与该弦的两个端点的距离相等，此直径平分其夹角"，这实际上都是圆的轴对称性带来的结果。

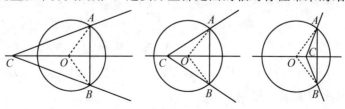

图 2-18

类似的还有"在同圆或等圆中，同弧或等弧所对的圆心角相等"可以看作是圆的中心对称性带来的价值。此时对圆的对称性的研究是在小学认知的基础上，将圆的对称性进行了性质上的归纳与输出。但此时学生对圆的对称性仍然处于直观的感知状态，对圆的对称性还只是定性的研究，虽然教科书从圆的对称性出发，对圆的有关性质做了本质的梳理与追踪，但并没有进一步说明圆为什么是轴对称图形和中心对称图形，当然这是由学生认知水平决定的。

3. 高中阶段对圆的对称性的理性证明

其实我们发现，从初中的几何学习开始，学生就在逐渐地从几何角度、代数角度来认识所研究的几何对象，圆的概念使隐含的研究视角开始明朗化。例如，圆的定义"到定点的距离等于定长的点的集合"。当圆的定义用定点和距离来刻画之后，就为圆的几何图形代数化做好了准备。进入高中，学习解析几何后，学生开始借助定量研究来理解圆及其性质(图 2-19)。此时我们就完全可以从数的角度揭示圆的对称性了。

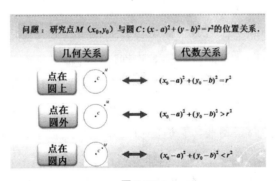

图 2-19

在平面直角坐标系中，我们以圆为例，原点为圆心，半径为 r。我们来看：

(1)在圆的方程 $x^2+y^2=r^2(r>0)$ 中，以 $-x$ 代替 x，这个方程并未改变，反映在几何上，其特点就是点 $(x，y)$ 与点 $(-x，y)$ 同时在曲线上，因此圆关于 y 轴对称。

（2）在圆的方程 $x^2+y^2=r^2(r>0)$ 中，以 $-y$ 代替 y，这个方程并未改变，反映在几何上，其特点就是点 $(x，y)$ 与点 $(x，-y)$ 同时在曲线上，因此圆关于 x 轴对称。

（3）在圆的方程 $x^2+y^2=r^2(r>0)$ 中，以 $-x$ 代替 x，同时以 $-y$ 代替 y，这个方程并未改变，反映在几何上，其特点就是点 $(x，y)$ 与点 $(-x，-y)$ 同时在曲线上，因此圆关于原点中心对称。

（4）下面我们证明在圆的方程 $x^2+y^2=r^2(r>0)$ 中，除上述特殊情况外的轴对称。

分析：圆 $x^2+y^2=r^2(r>0)$ 的圆心为 $(0，0)$，半径为 r，显然，过圆心的直线 l_1：$y=kx(k\neq0)$ 为圆的直径所在直线。

取圆上任意一点 $A(a，b)$，满足 $a^2+b^2=r^2$。

方式1：只需证明，点 A 关于直线 l_1：$y=kx(k\neq0)$ 的对称点点 B 在圆周上即可（图 2-20），设 B 的坐标为 $(x_B，y_B)$，

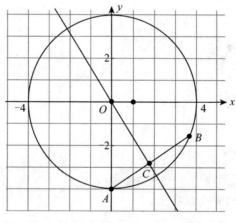

图 2-20

即 $x_B^2+y_B^2=r^2$。

证明：过点 A，且垂直于直线 l_1：$y=kx(k\neq0)$ 的直线 l_2 的方程为 $y-b=-\dfrac{1}{k}(x-a)$，

$$\begin{cases} y=kx, \\ y-b=-\dfrac{1}{k}(x-a) \end{cases} \Rightarrow \begin{cases} x=\dfrac{a+bk}{k^2+1}, \\ y=\dfrac{ak+bk^2}{k^2+1} \end{cases} \Rightarrow C\left(\dfrac{a+bk}{k^2+1},\ \dfrac{ak+bk^2}{k^2+1}\right),$$

因为，C 为 AB 中点，

所以，点 B 的坐标为 $(x_B,\ y_B)=\left(\dfrac{2a+2bk}{k^2+1}-a,\ \dfrac{2ak+2bk^2}{k^2+1}-b\right)$，

计算并化简 $\left(\dfrac{2a+2bk}{k^2+1}-a\right)^2+\left(\dfrac{2ak+2bk^2}{k^2+1}-b\right)^2=a^2+b^2=r^2$，

即 $x_B^2+y_B^2=r^2$。

方式 2：圆上两点 $A(a,\ b)$，$B(p,\ q)$，若 $AB\perp l_1$，则只需证明 AB 中点 M 在直线 l_1 上即可。

证明：因为，$A(a,\ b)$，$B(p,\ q)$，直线 l_1：$y=kx(k\neq 0)$，C_1 为 l_1 上一点，设 C_1 为 $(1,\ k)$，

所以，$\overrightarrow{AB}=(p-a,\ q-b)$，$\overrightarrow{OC_1}=(1,\ k)$，

因为，$\overrightarrow{AB}\perp\overrightarrow{OC_1}$，

所以，$\overrightarrow{AB}\cdot\overrightarrow{OC_1}=0$，即 $(p-a)+k(q-b)=0$，

因为，A，B 为圆上两点，

所以，$a^2+b^2=r^2$，$p^2+q^2=r^2$，

则 $p^2-a^2=b^2-q^2$，

$(p-a)(p+a)=(b-q)(b+q)$，

即 $k(p+a)=(b+q)$，

AB 中点 $M\left(\dfrac{p+a}{2},\ \dfrac{b+q}{2}\right)$ 在直线 l_1：$y=kx$ 上。

由以上分析可知，圆既是轴对称图形，又是中心对称图形。

从这一节的内容可以看出，整体把握数学课程，不仅要把握数学知识自身的纵横交错，也要把握知识单元的前后呼应、上下贯通；不仅要把握知识在一个学习阶段的内涵与外延，也要把握不同时期的数学课程的定位、

价值与功能，使数学课程在学生的学习生涯中起到真正的作用。

第三节 挖掘知识的内涵与外延，理解数学的本质

数学知识是学生学习数学的载体，学生对所学的数学知识的理解，不仅决定着学生的学习效果，而且还能清楚地反映出学生思维的发展程度。学生的数学学习是伴随着数学知识的不断积累与丰富而不断进入新的阶段的。数学知识与学生的成长相伴，对数学知识的理解，会对学生学习数学的自信心产生很大的影响，甚至决定着学生学习数学的积极性，影响着学生整个学生时代的学习态度。

但数学知识并不孤立存在，每个数学知识的背后都蕴含着深刻的道理，这是数学的特点。在数学中，最简单的东西，往往也是最本质、最基本的东西，简单知识的背后蕴含着深刻的道理。因此数学知识的学习，不能就知识而论知识，应通过充分挖掘知识的内涵与外延，达到理解知识本质的目的。要通过建立思维体系，立足知识，超越知识。

下面以三个案例为载体，谈一谈如何促进学生对知识的理解。

一、抓住解析几何的知识本质，走出解析几何学习的误区

高中的解析几何课程在整个初等数学中占据非常重要的地位，它的核心思想是用代数的方法研究几何问题。但学生学习它却感到困难重重，一方面它有较大的计算量，但更深层次的原因是学生总是急于将几何问题代数化，却忽视了对几何对象本身的研究，缺乏从代数结果中分析几何性质的意识和能力。

(一)通过分析曲线方程的代数结构特征加深对解析几何思维本质的理解

苏联著名几何学家波格列诺夫指出，解析几何没有严格确定的内容，对它来说，决定性的因素不是研究对象而是方法。[①] 这个方法的实质，在于

---

① 王敬庚：《平面解析几何中的基本教学思想初探》，载《数学通报》，1992(11)。

用某种标准的方式把方程、方程组同几何对象，即图形相对应，使得图形的几何关系在其方程的性质中表现出来。

例 1：请你指出直线 $y=kx+k$ 与椭圆 $\dfrac{x^2}{2}+y^2=1$ 的位置关系。

有相当一部分学生会立刻将方程组 $\begin{cases} y=kx+k, \\ \dfrac{x^2}{2}+y^2=1 \end{cases}$ 转换为一元二次方程，

然后计算出 $\triangle>0$，从而判断出直线与椭圆的位置关系是相交。我们发现虽然这种方法可以正确解出，可是计算量明显很大。

我们知道任何一条直线都可以通过求解椭圆方程与直线方程组成的方程组，通过根的判别式去判断它们的位置关系，这样的做法虽然能够用通性通法表达出来，却忽视了直线 $y=kx+k$ 本身的几何特征和意义，没有抓住研究对象的内涵，对研究对象 $y=kx+k$ 的几何特征的认识是盲目的，是不清晰的。一旦研究问题的难度加大，或要深入研究几何对象，研究思路就会变得复杂与混乱，学生容易坠入迷茫之中，找不到出路。

其实我们不难发现直线 $y=kx+k$ 不再是一条直线，而是一组直线，这组直线能用一个方程来表达，说明它们具有某种共同的特征，即过$(-1, 0)$这个点。恰是这个特征使得我们研究的问题明朗化，$(-1, 0)$在椭圆 $\dfrac{x^2}{2}+y^2=1$ 的内部，因此直线与椭圆是一种相交的关系。

继续将上述问题进行延伸：直线 $y=kx+1(k\in\mathbf{R})$ 与椭圆$\dfrac{x^2}{2}+\dfrac{y^2}{m}=1$ 恒有公共点，求实数 m 的取值范围。

这是从单纯的对直线问题的讨论，上升到了对椭圆的认识与考量。一方面，学生可以分析出，不仅仅是直线 $y=kx+1(k\in\mathbf{R})$ 具有一定的几何特征，恒过$(0, 1)$点，椭圆也不再是一个固定的椭圆。椭圆的变化，好像使得问题变得更复杂了，但学生如果真正理解上述问题的话，不难看出，只要点$(0，1)$在椭圆内部或椭圆上即可满足题意，如图 2-21 所示，

只要 $\dfrac{0}{2}+\dfrac{1}{m}\leqslant 1$ 即可。

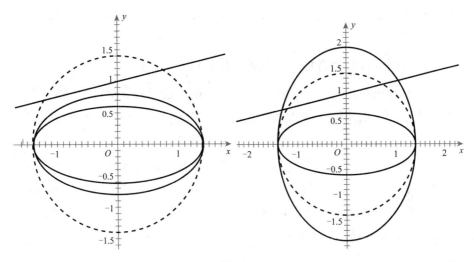

图 2-21

　　显然这样的研究思路抓住了方程的代数结构特征，观察出了所研究对象的几何特征，根据几何特征的特点再进行代数化。这种分析研究的思路，使得问题变得简单，思路变得清晰，减少了大量的计算，更重要的是它使得学生对所研究的几何对象有了更明确的认识和更深刻的理解。

　　在这个思路中我们让学生体会了用代数的方法研究几何问题的本质，学生会逐渐感悟到：不是只有求解直线方程与椭圆方程组成的方程组才是用代数的方法研究几何问题，从方程的代数特征入手研究几何对象的几何性质，也是用代数的方法研究几何问题的一个重要方面。

　　因此，在解析几何的学习过程中，我们可以通过分析曲线方程的代数结构特征来帮助学生加深对解析几何思维本质的理解。一方面是帮助学生洞察几何对象的几何特征并将其准确地代数化；另一方面，还要帮助学生分析几何对象的代数结构特征，从几何对象的代数结构特征中得出它的几何特征。因此要将几何对象代数化，就要深入挖掘几何对象的几何特征，只有如此，才可以进行相应的、合理的代数化，才不会使学生在代数化的过程中感到茫然。只有帮助学生进一步领会用代数方法研究几何问题的数学本质，才能讲出数学的味道，学生也才会更加喜欢并深入理解所学知识。

(二)通过数形结合加深对解析几何的思维本质的理解

笛卡儿坐标系的建立，把过去并列的两个数学研究对象"形"和"数"统一了起来，把几何方法和代数方法统一了起来，从而使传统的数学有了一个新的突破。因此在方程中研究几何对象的几何特征，并不是说只抓住方程的代数特征抽象地、空洞地进行研究，而是要随时把各种代数结构表示的几何含义放在心中。拉格朗日指出，只要代数同几何分道扬镳，它们的进展就缓慢，它们的应用就狭窄，但是当这两门科学合成伴侣时，它们就互相吸取新鲜的活力，从那以后就以快速的步伐走向完善。[①]

例 2：F_1，F_2 是椭圆 C：$\dfrac{x^2}{4}+\dfrac{y^2}{m}=1(2<m<4)$ 的两个焦点，P 为 C 上一点，若 $\triangle PF_1F_2$ 是直角三角形，求 P 到 x 轴的距离。

在这个问题中，有的学生直接进行了分类讨论，$\angle P$，$\angle F_1$，$\angle F_2$ 分别是直角时，通过直接代数化，解方程组，得出问题的答案，这显然存在着相当大的问题。

学生的做法属于机械性地套用解析几何的研究方法，并没有深入理解这个研究问题的思路与本质。事实上，在此种情况下，$\angle P$ 不可能是直角。这在椭圆方程的代数特征中已经有所展现。为什么 $\angle P$ 不可能是直角呢？结合椭圆方程的代数特征，我们可以看到，这是一个动椭圆，如图 2-22 所示，随着 m 的变化，椭圆在发生着变化。由于 $2<m<4$，此椭圆的焦点在 x 轴上，我们也发现 $0<4-m<2$，而 $c^2=4-m$（c 为椭圆的半焦距），显然在椭圆的标准方程 $\dfrac{x^2}{a^2}+\dfrac{y^2}{b^2}=1(a>b>0)$

---

① 唐毅、刘光：《几何问题代数解的潜在功能》，载《数学教学通讯》，2005(9)。

中，$b^2＝m$，$b^2＞c^2$，即 $b＞c$，也就是说椭圆的短轴要比焦距长。如果 $\angle P$ 为直角的话，点 P 应在以原点为圆心，c 为半径的圆与椭圆的交点上。却因为 $b^2＞c^2$，即 $b＞c$，椭圆与这个圆不可能有交点，因此 $\angle P$ 不可能是直角。

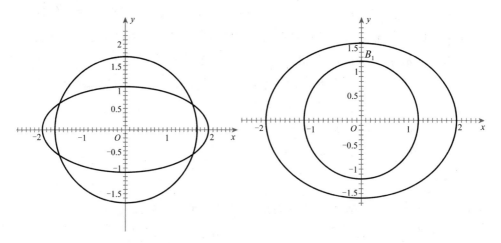

图 2-22

在分析曲线方程的代数特征，寻找曲线的几何特征的同时，数与形的结合必不可少。学生画图的过程实际也是一个思考的过程，为什么有的同学画的椭圆比较"扁"，有的同学画的椭圆比较"圆"呢？这实际上就可以看出学生的思维过程，学生是否对椭圆的方程进行了分析，是否抓住了椭圆的几何特征，这些都会一目了然。学生如果通过研究方程，在绘制椭圆的图象时，关注到了曲线这样的几何特征，为抽象的认识添加了形象的支持，就会避免这样的错误。当然为了更加直观地展示本题，帮助学生进一步理解，教师在讲解中也可以借助几何画板进行动态展示。这样不仅使学生有形象直观的感受，也可以加深学生的思维深度。这就是通过数形结合加深对解析几何的思维本质的理解的做法。

还可以让学生继续思考以下问题。

拓展 1：什么情况下 $\angle P$ 可以是直角？

拓展 2：如果 m 为实数，又会出现什么样的结果？

解析几何离不开数形结合，华罗庚说："数缺形时少直观，形少数时难入微。"[1]用代数的方法研究几何问题，并不是为了用代数而用代数，代数的使用要根据几何的性质来进行转换，数形结合将是实现这一转换的有力保证。数形结合是加深学生对解析几何的思维本质的理解的重要手段。我们也希望通过这样的对典型例题的探索，使学生体会解决几何问题的基本方法，帮助学生进一步树立研究几何对象的几何特征的意识，澄清学生错误的认识，让学生体会数形结合的思想，在自主探索、自由想象和充分交流的过程中，不断完善自己的认知结构，充分感受成功与失败的情感体验。思维的层层递进、思维的不断碰撞，也能使学生在思维活动中体会数学的味道。

(三)通过从不同角度挖掘几何性质加深对解析几何的思维本质的理解

当然我们还可以通过从不同角度挖掘几何性质加深对解析几何的思维本质的理解。学生经历用代数的方法解决几何问题的过程，代数化的方式的选择是非常重要的，选择不当，就会带来计算量的增加，甚至会影响到问题的最终解决情况。选择合理的代数化的方法需要对所面临的问题有比较深刻的认识和理解，其途径更多的来自对几何对象的几何特征的分析与运用。

思想方法的学习是一个渐悟的过程，前面两个层面润物细无声的渗透，力求使学生有所顿悟。为彻底解决学生听得懂、想不到，见到解析几何题就求解方程组，算到最后却无疾而终的问题，我们一起来看看下面的题目。

例 3：试确定 m 的取值范围，使得椭圆 C：$\dfrac{x^2}{2} + y^2 = 1$ 上有不同的两点关于直线 l：$y = x + m$ 对称。

有的学生见到此题不假思索就将直线 $y = x + m$ 的方程和椭圆 $\dfrac{x^2}{2} +$

$y^2=1$ 的方程联立组成方程组，消 y 之后，得到关于 x 的一元二次方程，利用判别式大于零得出 m 的取值范围，但这种方法是错误的。

我们看到，直线和椭圆相交，在椭圆上未必一定有两个点关于直线 l 对称。但斜率为 -1 的直线（我们设为直线 AB）$y=-x+b$ 与椭圆 C 相交得到的弦 AB 一定有斜率为 1 的中垂线。

视角 1：抓住直线 AB 与椭圆相交这一几何特征。

可以利用直线 AB 与椭圆相交，解方程组 $\begin{cases} y=-x+b, \\ \dfrac{x^2}{2}+y^2=1 \end{cases} \Rightarrow 3x^2-4bx+$

$2b^2-2=0 \Rightarrow \Delta>0 \Rightarrow b^2<3$，得出直线 AB 的纵截距的范围，如图 2-23，再通过弦 AB 的中点 $C\left(\dfrac{2b}{3}, \dfrac{b}{3}\right)$ 在直线 l：$y=x+m$ 上，找到直线 AB 的纵截距 b 与 m 的关系，即可以得出 $b=-3m$，最终求得 m 的取值范围。

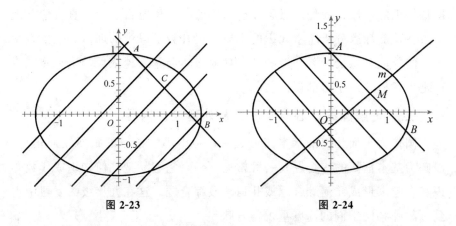

图 2-23　　　　　　　　　　　图 2-24

在以上做法中，显然是抓住直线 AB 必与椭圆相交的几何特征，这一几何特征实际上是解决问题的突破口。当学生再将椭圆方程与直线 AB 的方程进行联立时，才会真正懂得用代数的方法研究几何问题的思维方式。

我们设弦 AB 的中点为 M，M 在椭圆内部，直线 l：$y=x+m$ 垂

直于弦 AB 且经过点 M，则 A，B 两点一定关于直线 l 对称。因此，只要线段 AB 的中点 M 在椭圆内部即可。

视角 2：抓住线段 AB 中点 M 在椭圆内部这一几何特征，如图 2-24 所示。

$$\begin{cases} \dfrac{x_1^2}{2}+y_1^2=1, \\ \dfrac{x_2^2}{2}+y_2^2=1 \end{cases} \Rightarrow M(-2m，-m) \Rightarrow \dfrac{(-2m)^2}{2}+(-m)^2<1。$$

由此可以看出，从不同角度挖掘几何性质时，采取的代数化方法是不同的，对几何对象的几何特征分析得越透彻，代数化的方法就越简单、越明朗。类似这样的例子在解析几何的教学中比比皆是。

这些只是根据学生在学习中出现的问题，展现的解析几何教学的一个侧面，并没有对解析几何教学进行全面的阐述。借此希望教师能够直面教与学中出现的问题，因为只有在真问题中展开真的研究，才能真正挖掘知识的本质；我们的教学才能遵循着数学思维自然地、真实地开展下去；才能深入分析所学知识的本质，展开数学思维的训练。挖掘数学内在的价值和意义，数学课的"味道"就必然会越来越浓！学生也才能真正走出解析几何学习的误区。

二、理解圆的核心与本质，从外延走向内涵

圆作为平面几何的基本图形之一，是中小学学习的重要几何模型。以圆为基本框架的综合题是一种常见题型，它容易把几何知识或代数知识综合起来形成几何综合题或几何代数综合题。这在九年级的复习中得到了教师和同学们的高度重视与青睐。

但是圆作为重要的基本几何图形，它并不总是直白地出现在几何题目中，经常会隐含在题目里，却又是解决问题的关键所在。发现隐含在几何题目中的圆（简称隐圆），并加以应用，可以起到事半功倍的作用。能够在题目没有圆的情况下，发现圆，并能应用圆来解决问题，这体现了对圆的本质及内涵的深刻理解。

（一）寻找隐圆策略 1——深入理解圆的定义的内涵

在一个平面内，线段 OA 绕它固定的一个端点 O 旋转一周，另一个端点 A 所形成的图形叫作圆。也就是说圆其实是到一个定点的距离等于定长的所有点的集合。这也就包含两方面信息：一个是定点，另一个是定长。因此在题目中如果隐含着定点与定长的问题，往往可以转化成圆的问题。

例 4：如图 2-25 所示，在 $\triangle ABC$ 中，$AB=3$，$AC=2$。当 $\angle B$ 最大时，BC 的长是（   ）。

A. 1   B. 5   C. $\sqrt{13}$ D. $\sqrt{5}$

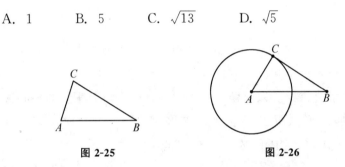

图 2-25   图 2-26

【解析】如图 2-26 所示，以点 A 为圆心，AC 为半径作 $\odot A$，当点 C 在 $\odot A$ 上移动时，观察可得当 BC 和 $\odot A$ 相切时，$\angle B$ 最大，此时 $\angle ACB=90°$。

因为，$AB=3$，$AC=2$，$\angle ACB=90°$，所以，$BC=\sqrt{3^2-2^2}=\sqrt{5}$。故选 D。

本题从题目上看，"$\angle B$ 最大时"这个条件会造成理解上的障碍，学生往往不知道如何入手。但如果发现 AB，AC 的长是固定的，可以将点 A 看成定点，AC 为定长，就可以将之与圆联系起来。

类似的还有：（1）在平面直角坐标系中，点 A 的坐标为（3，0），点 B 为 y 轴正半轴上的一点，点 C 是第一象限内的一点，且 $AC=2$。设 $\tan\angle BOC=m$，求 m 的最小值。

【解析】如图 2-27 所示，以点 A 为圆心，AC 为半径作 $\odot A$，当点 C

在⊙A 上移动时，∠BOC 随着∠AOC 的增加而减少，二者是互余的关系，求 m 的最小值，可以转化成求 $\tan\angle AOC$ 的最大值。显然在 OC 与⊙A 相切时符合题意。$OA=3$，$AC=2$，利用勾股定理 $OC=\sqrt{9-4}=\sqrt{5}$，$\tan\angle AOC=\dfrac{2}{\sqrt{5}}$，

$\cot\angle AOC=\dfrac{\sqrt{5}}{2}$。所以 $\tan\angle AOC$ 的最大值是

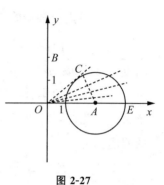

图 2-27

$\dfrac{2}{\sqrt{5}}$，则 m 的最小值为 $\dfrac{\sqrt{5}}{2}$。

这是抓住了圆的定义的内涵，隐圆的使用帮助学生从直观角度找到了思路，真正发挥了几何直观的作用。教学中要培养学生从简单入手，逐步深入，学会怎样认识问题、分析问题，逐步培养学生的核心素养。

(2)在四边形 $ABCD$ 中，如图 2-28 所示，$AB=BC=CA=AD$，$AH\perp CD$ 于点 H，$CP\perp BC$ 交 AH 于点 P。

求证：△ABC 的面积 $S_{\triangle ABC}=\dfrac{\sqrt{3}}{4}BD\cdot AP$。

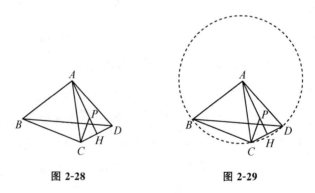

图 2-28　　　　　　图 2-29

【解析】如图 2-29 所示，由题意可知，点 B，C，D 在以 A 为圆心，AB 长为半径的圆上。可以得出∠$ACP=\angle BDC=30°$，∠$CBD=\angle PAC$，

$\triangle CBD \backsim \triangle PAC$，$\dfrac{AC}{BD} = \dfrac{AP}{BC}$，$S_{\triangle ABC} = \dfrac{\sqrt{3}}{4} AC \cdot BC = \dfrac{\sqrt{3}}{4} AP \cdot BD$。

这些都是抓住了圆的定义，通过分析探索，将隐藏在已知条件里的圆，构造出来，再利用相关的几何知识求解问题。这不仅加深了学生对圆的相关知识的理解，同时也激发了学生学习的兴趣，让学生感悟到了几何学习的奇妙。通过发现隐圆，也发现不一样的自己。

(二)寻找隐圆策略 2——抓住圆的外延深入理解圆

我们知道在圆中，直径所对的圆周角为直角，反之，90°的圆周角所对的弦是直径。而在圆中如果直径确定了，圆就唯一确定了。也就是说，斜边相同的直角三角形，都是共圆的。因此，如图 2-30 所示，当线段 AB 以及 AB 所对的角 C 确定时，圆心与半径就确定了，圆也就确定了，这是对圆的定义的延伸理解。

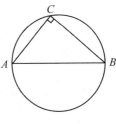

图 2-30

例 5：如图 2-31 所示，在矩形 $ABCD$ 中，$AB = 5$，$AD = 12$，以 BC 为斜边在矩形外部作直角三角形 BEC，F 为 CD 的中点，求 EF 的最大值。

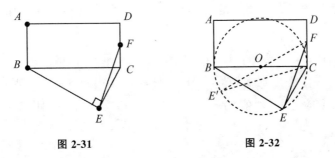

图 2-31   图 2-32

【解析】由题意可知 $\angle BEC = 90°$，点 E 在以 BC 为直径的 $\odot O$ 上，如图 2-32 所示。由图可知，连接 FO 并延长交 $\odot O$ 于点 E'，此时 $E'F$ 最长，$E'F = \dfrac{25}{2}$，即 EF 的最大值。

类似还有：(1)如图 2-33 所示，在△ABC 中，∠ACB＝90°，AC＝BC，AB＝4 cm，CD 是中线，点 E，F 同时从点 D 出发，以相同的速度分别沿 DC，DB 方向移动，当点 E 到达点 C 时，运动停止，直线 AE 分别与 CF，BC 相交于 G，H，则在点 E，F 移动过程中，点 G 移动路线的长度为（   ）。

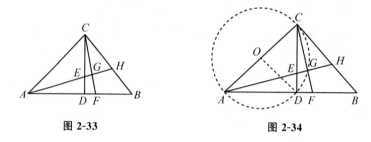

图 2-33   图 2-34

【解析】△ADE ≌ △CDF（SAS），∠EAD ＝ ∠FCD，∠ADE ＝ ∠CGE ＝ 90°，所以，A，C，G，D 四点共圆（图 2-34），点 G 的运动轨迹为弧 CD，点 G 的运动轨迹的长为 $\dfrac{90\pi \times \sqrt{2}}{180} = \dfrac{\sqrt{2}}{2}\pi$。

此题的关键是点 G 的移动路线，充分体会已知一条边及对角（此时是对角为直角的特殊情况），恰当地构造隐圆的方法，从而将问题转化为与圆相关的问题，用圆的有关知识解决。学生感慨：原来如此，"圆"来如此。

(2)如图 2-35 所示，已知∠XOY＝45°，把一直角三角板△ABC 的两个顶点 A，B 分别在 OX，OY 上移动，其中 AB＝10，则点 O 到顶点 A 的距离的最大值为_____，点 O 到 AB 的距离的最大值为_____。

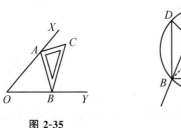
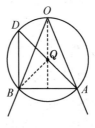

图 2-35　　　　　　　　　　　　图 2-36

【解析】我们发现，不论直尺按照要求如何移动，线段 AB 的长以及它所对的 $\angle O$ 是固定的，因此，我们可以看到，如果 AB 为一条固定的弦，点 O 就在以 AB 为弦的圆弧上(此时隐圆的圆心在线段 AB 的垂直平分线上，是到线段 AB 的距离为 5 的点 Q，隐圆的半径为 $5\sqrt{2}$，如图 2-36 所示)。当 AO 是直径 AD 时，$\angle ABD=90°$，点 O 到点 A 的距离最大，答案为 $10\sqrt{2}$；点 O 在 AB 的中垂线上时，点 O 到 AB 的距离最大，为 $5+5\sqrt{2}$。

看似无圆，实则有圆。深入认识圆，关注学生对圆的有关概念与相关知识的理解，使其形成新的知识内容，激发学生学习的兴趣。重视发现与创造，数学的本质在于思想的充分自由与发挥人的创造能力。当我们鼓励学生从不同的角度去研究问题，自己去发现、创造方法，对比方法的优劣，形成最优的思路时，学生不仅会对圆的本质理解得更深刻，而且学生成功的喜悦与收获也会远远大于知识本身。

三、借助知识的复习，促成理解的纵深发展

复习课是课堂教学的重要课型之一，是数学教学中的一个重要环节，在数学教学中占有重要的地位。复习课的主要任务是，一方面通过复习对所学知识进行巩固，查缺补漏，形成知识脉络与框架；另一方面使学生对所学知识加深理解，系统掌握、全面提高，综合运用，做到融会贯通、继承与发展。课堂教学应更多地抓住知识的内涵与本质，让学生把学到的知识应用于新的环境中，只有这样才能促成学生对知识的深

度理解，培养学生持久的理解力。在抓住学科本质、促进知识理解的过程中，也能逐渐提升学生的核心素养，帮助学生认识自我，理解自我。

下面以一节"集合"的复习课为例，谈谈我的看法。

集合是现代数学的基本语言，高中数学将集合作为一种语言来学习。学生要学会使用最基本的集合语言表示有关的数学对象，发展运用语言进行交流的能力。一方面学生要能够掌握这种语言，会用集合语言描述数学问题；另一方面要能够识别集合语言，读懂别人用集合语言描述的数学问题。集合的初步知识是学生学习、掌握和使用数学语言的基础，是高中课程的第一个内容，是高中数学学习的出发点。它作为高中数学学生第一个接触的较为抽象的基本语言，对学生的数学抽象的形成以及后续学习的自信心有着重要的意义。

进入十二年级，学生复习课的第一个内容就是集合，它不仅是复习知识的第一个内容，也是对复习方法的起始历练。复习课上的内容和练习往往都是学生已经见过和练过的，缺乏新意。在帮助学生整理与复习时，如果只是安排一些题目给学生做，学生往往在复习课上提不起精神，感到没有兴趣。那么，怎样才能借助复习课，促成学生对知识的深度理解呢？

下面的案例是希望以"集合"知识复习为载体，发展学生用数学语言来进行交流的能力，帮助学生逐步学会自己学习，自己梳理知识方法；让学生经历观察、比较、归纳的学习过程，体会集合的深刻含义以及研究集合中的元素，从而掌握集合的本质特征，促进学生由知识向能力的转化，加深学生对知识的理解，帮助学生逐步完善自我学习的构建，逐步形成复习课的一般操作策略。

(一)提出关键性问题

什么是关键性问题？（这在本书第三章有专门的描述），在教学中我们希望通过使用关键问题引导学生最大化地发挥其理解能力。因此关键问题应居于课程的核心地位，关键问题贯穿于整个学习过程的始终，也贯穿于本领域发展的历史之中；并且它能够引出其他重要问题。把握关键问题实际上是更为深刻的洞察，它包括教师要把握住教材背后的观点。它究竟是什么意义？前提假设是什么？接下来是什么？在掌握核心知识和教材的过程中，关键问题也能让学生体会到智慧生活的价值。

问题 1：$A=\{x\,|\,y=x^2\}$，$B=\{y\,|\,y=x^2\}$，$C=\{(x,\ y)\,|\,y=x^2\}$，$D=\{y=x^2\}$ 这四个集合的具体含义是什么？你是如何理解的？

通过提出关键性问题，加深学生对集合本质的理解。学生对集合这种语言真的理解了吗？能看懂集合语言，能用集合语言进行数学问题的交流吗？针对这四个集合能否说清，基本上就能够检测出学生对集合及其表示法的理解程度了。这四个集合表面上看非常相似，有的学生甚至会误以为集合 A 和集合 B 是一样的，但显然不是。在集合中，集合的本质特征由集合中的元素体现出来。

让学生充分交流，调动学生的注意力，激发学生的认知冲突，帮助学生澄清集合概念，进一步巩固与理解集合及其表示法的含义和本质。发现和矫正学生学习中对知识认识的"偏差"和"误解"，克服学习进程中的障碍，增强学生学习的信心。通过对问题的正、反面的剖析，加深学生对学科知识本质的理解，提升学生的思维品质。

复习课与新授课不同，它承载着回顾与整理、沟通与生长的独特功能。要弄清哪些是重要的"发力点"，哪些是知识的"承重墙"，哪些是核心问题，我们要把知识变成问题串，促进学生持之以恒的思考。因此，复习课的教学任务要重视对知识本质的把握，达到融会贯通，构建知识体系与框架的目的。把平时所学的知识从新的角度，按新的要求进行梳理；重新组织练习，沟通新、旧知识的联系，通过归纳、总结，最终实现对知识的深入理解。在思维的碰撞中，在抽取知识的本质特征的过程中，在完善认知结构的过程中，让学生温故而知新，激发数学思考，领悟思想方法，提升数学素养。

(二)应用与洞察

通过对学科知识本质的把握，设计适合的教学活动，让学生在应用中逐渐洞察学科的本质，加深理解。评价学生是否理解的过程，实际上是学生自主学习的内化过程。

问题 2：

(1)已知集合 $A=\{x\,|\,(x-1)(x-a)=0\}$，请你写出集合 A 的元素。

(2)已知集合 $A=\{x\,|\,x^2-5x-6\leqslant0\}$，判断以下内容和集合 A 的关系。

-10，0，$\{2,5\}$，$\varnothing$，$\{x\,|\,x^2+5x+6\geqslant0\}$。

(3)$A=\{x\,|\,x^2-3x-10\leqslant0\}$，$B=\{x\,|\,a+1\leqslant x\leqslant3a-1\}$，

（Ⅰ）若 $B\subseteq A$，求 a 的取值范围。

（Ⅱ）若 $3\in B$，且 $5\notin B$，求 a 的取值范围。

通过三组循序渐进的小问题，激发学生充分发表自己的看法，再次引发学生的认知冲突。通过典型实例，在知识上完成对元素性质的考察，渗透分类讨论的思想。对集合间的关系以及集合间的运算等的研究，也是围绕研究集合的本质特征其实是研究集合中元素的特征来进行的。使学生读懂集合，并能够用集合表达数学问题。逐步规范学生的数学思维过程，帮助学生加深对集合及其表示法的理解。

将对集合的本质特征的理解，放在实际问题情境中，帮助学生进一步加深对集合中元素的本质特征的理解，激发学生学习用集合语言进行数学交流的兴趣。在数学教学中，我们常常看到一些学生的数学学习总是停留在记结论、记公式、套用一些解题的方法上，学生对数学概念的理解很浅薄，不深入，看不到数学知识的本质的东西，掌握不了数学的思考问题的思维方式。学生是否理解了这段知识背后的观念性的东西，是否感受到了思考问题的过程，是否真正理解了所学习内容的本质就显得尤为重要。

在教学中，要引导学生继续讨论，并关注全体学生的思维发展，充分暴露学生的所思所想，寻求其思维症结，顺势引导，适时解决问题。总结概括本题在知识和能力方面的要求，适时引导下一步的复习方向。通过理解，把个别的事物联系起来使之成为一个统一的有机体，当学生

充分理解可通过元素与集合的关系来刻画集合之间的关系以及集合之间的运算，并体会了这样的研究集合问题的思维方式后，学生才能深刻领会集合抽象的、概念性的内容，而不仅仅是掌握一些具体的集合知识。同时要使我们的课堂教学更具有吸引力，使学习的内容更易于理解，我们在复习教学中就要坚持提出有思考价值的问题，不要急于给出答案，要通过问题引起悬念并激发学生不间断地反思与追问。学生真正理解了，也就意味着洞悉了数学知识的内在依据，也就能够把孤立的知识点转换为一种有意识的、自觉的思维方式和方法。这能够帮助学生从直观想象入手，逐渐建立数学模型，并不断地向抽象、逻辑推理等方面进行有效的过渡，学生数学学科的核心素养也会得到不断完善与发展。

(三)移情与自我认识

解决新问题，实际上是理解能力中移情的体现。移情：能深入体会另一个人的感情和观点。这就意味着我们应引导学生思考："这对你意味着什么？如果我需要理解，我需要哪些经验？……"解决新问题可以促进对学生移情的培养与训练，这是培养学生理解能力的重要环节。随着理解的逐步深入，学生会对自己产生新的认识，发现自我，找到自信。辩证地认识事物，才能将所学知识应用于新的情境中，从而对学习产生新的兴趣，形成自主学习的意识，养成自主学习的习惯，提升核心素养。

问题 3：

(1)设 A 是整数集的一个非空子集，对于 $k \in A$，如果 $k-1 \notin A$ 且 $k+1 \notin A$，那么 k 是 A 的一个"孤立元"，给定 $S=\{1, 2, 3, 4, 5, 6, 7, 8\}$，由 S 的 3 个元素构成的所有集合中，不含"孤立元"的集合共有_____个。

(2)已知：集合 $\Omega_n = \{X \mid X=(x_1, x_2, \cdots, x_i, \cdots, x_n), x_i \in \{0, 1\}, i=1, 2, \cdots, n\}$，其中 $n \geqslant 3$。$\forall X=(x_1, x_2, \cdots, x_i, \cdots, x_n) \in \Omega_n$，称 x_i 为 X 的第 i 个坐标分量。若 $S \subseteq \Omega_n$，且满足如下两条性质。

①S 中元素个数不少于 4 个；

②$\forall X$，Y，$Z \in S$，存在 $m \in \{1, 2, \cdots, n\}$，使得 X，Y，Z 的第 m 个坐标分量都是 1。

则称 S 为 Ω_n 的一个好子集。

（Ⅰ）若 $S = \{X, Y, Z, W\}$ 为 Ω_3 的一个好子集，且 $X = (1, 1, 0)$，$Y = (1, 0, 1)$，写出 Z，W。

（Ⅱ）若 S 为 Ω_n 的一个好子集，求证：S 中元素个数不超过 2^{n-1}。

（Ⅲ）若 S 为 Ω_n 的一个好子集且 S 中恰好有 2^{n-1} 个元素时，求证：一定存在唯一一个 $k \in \{1, 2, \cdots, n\}$，使得 S 中所有元素的第 k 个坐标分量都是 1。

通过本题进一步检查学生对集合的理解与掌握情况。复习不是简单的重复，它最终的目的在于培养和提高学生运用知识、解决问题的能力。在复习过程中，要加强知识的迁移训练，根据学生的实际情况，选择合适的例题与练习，培养学生举一反三、触类旁通、运用所学知识解决问题的能力。

教师要引导和帮助学生用所学的数学知识去发现问题和解决问题，要促进知识结构转化为认知结构，以创造性的综合训练为手段，以提高学生综合应用能力为目标。当然综合训练要让学生自由发表意见，让学生间进行辩论、评价，通过观察、比较、分析等方法，最大限度地发挥学生的主观能动性，将以学生自主发展为本的思想落实为教学行为。

通过复习课，抓住知识本质，不断地帮助学生理解、内化，带来的不仅仅是学生对知识的深入理解，关注学生的需要，激发学习兴趣，建立自信的教学过程，更是彰显了数学学习育人的教育功能，彰显了数学传授知识、启迪智慧、完善人格的教育价值，学生的核心素养也会在这个过程中得到不断的提升。

第三章

"理解"与数学思维的发展

人的最本质的特征在于思维，人们对事物的理解是建立在思维的基础上的。只有思维产生有意义的活动，才能在人脑中形成对事物的理解。思维的过程，就是对事物进行理解的过程。理解是思维的必然产物，是思维过程的有效表达，同时也是思维达成的目标。数学教学实践表明，学生只有通过自己思维的加工，将世界的、社会的等外在的表现，逐渐内化为自己的理解，才能将自己的理解内化为受用终生的东西，从而更好地促进自己的发展。数学思维的发展是一个螺旋上升、逐渐深入的过程，这就使得学生对数学的理解也是一个不断丰富的过程。学生只有真正掌握了正确的数学思维方法，才能形成自己的思维方式、思维习惯，也才能真正培养与发展自己的思维能力，才能将自己对数学的深刻理解变成用数学的思维研究世界的能力。

第一节　数学抽象思维的发展是理解的关键要素

数学抽象是指舍去事物的一切物理属性，得到数学研究对象的思维过程。抽象是在分析、综合、比较的基础上，抽取同类事物共同的、本质的特征而舍弃非本质的特征的思维过程。抽象是形成概念的必要过程和前提，是形成理解的关键要素。

一、直观思维是抽象思维发展的基石

在某些情况下，单单依靠语言说明可能还不足以使人完全理解，必须借助直观形象。直观形象不仅有助于说明所要理解的客体，而且有助于把握其本质。直观就是在经验、观察、联想、类比的基础上，对事物及其关系产生的直接感知与认识。也就是说，直观是一种直接的感性认识，它可以通过直接观察或接触获得。通过直观，我们可以建立起个体的思维与外界客观事物的联系。数学教育学家弗赖登塔尔曾说过："几何直观能告诉我们什么是可能重要、可能有意义和可接近的。"[①]这使我

---

① ［荷］弗赖登塔尔：《作为教育任务的数学》，陈昌平等编译，43 页，上海，上海教育出版社，1995。

们在课题、概念与方法的荒漠之中，揭开了抽象化的形式外衣来探察数学的本质，让学生理解数学知识并体会到数学的内涵。

通过直观性的数学学习过程来揭示数学的抽象性是一种有效的理解数学知识的途径。既然数学教材中的数学知识是抽象地呈现出来的，那么教师从抽象的对立面，即直观出发来揭示数学知识的本质，使学生能较容易地理解数学知识，进而发展学生的抽象思维能力，也不失为一种行之有效的尝试。况且，学生的思维发展就是从直观走向抽象的，直观可以说是学生思维发展的基本要素，是学生抽象思维发展的基石，因此也就可以说数学直观思维是学生理解数学的基底。

直观想象是核心素养的重要方面，《普通高中数学课程标准（2017年版 2020 年修订）》（以下简称《高中数学课标》）对直观想象的内涵、价值、主要表现以及水平划分等给出了详细的表述。《高中数学课标》指出，直观想象是指借助几何直观和空间想象感知事物的形态与变化，利用空间形式特别是图形，理解和解决数学问题的素养。主要包括：借助空间形式认识事物的位置关系、形态变化与运动规律；利用图形描述、分析数学问题；建立形与数的联系，构建数学问题的直观模型，探索解决问题的思路。

我理解的直观包括：①实物直观。指的是生活中的实际物体，如书本、桌面、粉笔盒、旗杆、地面等，将其作为探究数学问题的具体参照与模型。②模型直观。比如数学符号、具体数字、几何图形、线段、图表等，可以将数学问题中抽象的关系具体化或者外显化，进行直观描述。③语言表述直观。语言的表述能够帮助学生在头脑中构建数学表象，把握事物的特征。在促进学生抽象思维发展的过程中，从直观走向抽象是学生在数学学习过程中必然要经历的一个过程，在这一阶段学生将观察到的事物的外部特征转化为自己的内部理解。培养学生对事物直观的观察与把握能力，对学生抽象思维的形成与发展有着至关重要的影响。

在小学阶段，学生的直观思维得到了充分的训练，他们对数学的理解基本上都是建立在直观的基础上的。此时学生的直观往往是从具体的实物直观逐渐向模型直观进行过渡的。

　　例如，在小学三年级，学生学习两位数的乘法之后，开始接触三个数的连乘。如图 3-1 所示，两个一模一样的书架，每个书架有 3 层，每层书架上能放 35 本书，一共能放多少本书？教科书中只是清晰地给出了两个书架的实物图，其他所有信息都呈现在图片中，学生通过观察图了解所含有的一切信息，来确定解决问题的思路。学生的答案有很多，那么这些答案是不是此问题的答案，或者说是不是最佳答案呢？我们来看看学生的想法。学生的想法如下：① $35 \times 3 = 105$（本），$105 + 105 = 210$（本）。② $3 \times 35 \times 2 = 210$（本）。③ $35 \times 6 = 210$（本）。④ $35 \times 3 + 35 \times 3 = 210$（本）。⑤ $105 \times 2 = 210$（本）。⑥ $35 + 35 + \cdots + 35 = 210$（本）。⑦ $3 \times 2 \times 35 = 210$（本）。我们看到学生的想法很发散，这对于刚刚进入三年级的同学来说，是很不容易的。当我们带着学生们仔细甄别他们列出的算式时，学生的思维得到了体现，在思维的碰撞中，学生对问题的理解逐渐清晰。在让每个列出算式的同学说一说自己的想法的时候，一个同学的分析会带来别的同学的思考。同学们能够很快甄别出，第③个和第⑤个算式不能很好地和图片中的信息相对应，虽然算式的结果是正确的，但算式阐述的实际意义不能很好地表达出两个书架，每个书架 3 层，每层有 35 本书的数学信息。第①个、第④个、第⑥个算式是正确的，但是有一些烦琐，可以更为简洁地表达出来，数学的简洁性慢慢体现在学生的理解中。但是 $3 \times 35 \times 2$，$3 \times 2 \times 35$ 两个式子到底是不是相同的呢？在学生的不断讨论中，同学们会发现 $3 \times 35 \times 2$ 实际上是表示每层书架能放 35 本书，一个书架有 3 层，也就是先计算一个书架能放多少本书，再计算两个这样的书架一共能放多少本书。而对于 $3 \times 2 \times 35$，学生先计算的是，每个书架有 3 层，两个这样的书架共有多少层，然后再计算书架每层能放 35 本书，有 2×3 层，共能放 $3 \times 2 \times 35 = 210$ 本书。

　　大家可以看到，学生从具体的直观的实物模型中抽象出了具体的数

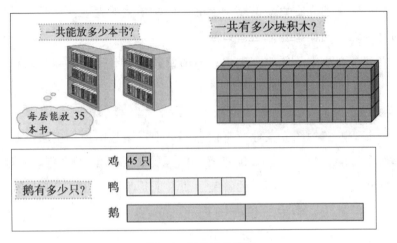

图 3-1 数学教学模型

字运算，通过具体直观的实物，很好地理解了所学知识，并对算式背后隐藏的不同的式子结构蕴含的不同的实际意义理解得很清晰了。但是此时如果仅限于此，学生的抽象思维的发展并没有最大化地得以展开。学生的思维仅限于从具体的实际事物中抽象出具体的数字，这并未使学生的思维产生质的飞跃。

我想如果教师再继续追问："书架上的书真的是 35 本吗？我数了数，怎么不是 35 本呀？"学生会很快反驳教师："老师，书上画的只是示意图，要是真画出 35 本来，那根本画不下呀！""老师，我们看书的旁边有个对话框，告诉咱们每层能放 35 本，我们看这个就行了，不是真的需要把 35 本书都画出来。""老师，这还好是 35 本，这要是 3 500 本，画出来的话，书本根本就画不下啦，哈哈！"在同学们七嘴八舌的议论中，其实大家就已经总结出，数学可以用抽象的办法来表达现实世界的具体事物。教师紧接着追问："既然是这样，那下次解决数学问题的时候我就可以不用具体画出书架这个实物了，那我可以怎样表达这个数学问题呢？"学生在不断地交流与讨论中点燃自己和他人思维的火花，自然语言、图形语言、符号语言等的描述方法开始一一呈现在学生的面前。比如，学生就可以利用线段图表示问题(图 3-2)，学生此时的思维从直观形象开始向抽象进行过渡。

此时数学模型的出现，使得学生对实际问题的理解从感性具体（书架）→感性一般（模型）→理性具体（数字）→理性一般（字母）进行了自然的过渡。当学生可以逐渐脱离具体的实际事物

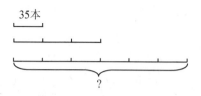

图 3-2 学生解决问题的线段图

时，学生的理解就从直观的、散点式的问题，上升到可以用一般的表达来描述了，这是学生思维的飞跃。显然这个思维的发展，是在学生直观形象的具体思维中逐渐形成的，并不是一蹴而就的，还需要慢慢地渗透。

接着还可以通过积木的直观图 $2 \times 12 \times 4$ 与 $4 \times 12 \times 2 \cdots$ 以及用线段图表示的鸡、鸭、鹅的问题继续进行巩固和理解（图 3-1）。在查找算式的相同处与不同处的各种体验中，思维的碰撞交织进行，学生在自己的体验中建构自己对数学的理解。

到了初中，学生正处于从以具体形象思维为主逐步过渡到以抽象逻辑思维为主的阶段，虽然他们已经具有初步的抽象思维，积累了一定的抽象思维的经验，但此时的抽象思维仍然属于经验性的抽象思维，他们的数学学习仍然需要一定的直观形象的辅助与支撑。

例如，在学习完全平方公式的时候，可以先让学生计算下列多项式的积。学生在之前学习幂的运算性质时，已经积累了从数到式，即从具体到抽象，从特殊到一般的有关幂的运算法则的学习经验。所以让学生通过完成特殊形式的多项式相乘，发现运算结果更简单，通过总结这种特殊的多项式相乘的特征，从特殊到一般，初步感知完全平方公式。

$(p+1)^2 = (p+1)(p+1) = \underline{\hspace{5cm}}$，

$(m+2)^2 = \underline{\hspace{3cm}} = \underline{\hspace{3cm}}$，

$(p-1)^2 = \underline{\hspace{3cm}} = \underline{\hspace{3cm}}$，

$(m-2)^2 = \underline{\hspace{3cm}} = \underline{\hspace{3cm}}$。

通过对这样一组具体的式子进行计算、观察，然后提出猜想，再进

行证明：

$$(a+b)^2=(a+b)(a+b)=a^2+ab+ab+b^2=a^2+2ab+b^2,$$
$$(a-b)^2=(a-b)(a-b)=a^2-ab-ab+b^2=a^2-2ab+b^2。$$

这样的过程，使学生经历了完全平方公式的形成过程，体验了知识的发生、发展过程，体会了从特殊到一般的认识事物的方法，也培养了学生的问题意识和观察、归纳、概括的能力。这也是从具体、直观、简约的符号入手，依靠学生的感官，帮助学生从具体的符号直观中，抽象出一般的规律的过程。

完全平方公式的特点主要体现在结构特征的特殊性上，由于公式中字母的含义广泛，这种特殊形式呈现出灵活多样的姿态，这就会造成学生对公式中字母的具体含义理解不清，有时只掌握了公式的表面形式，而未掌握公式的本质特征，从而经常出现各种错误。因此怎样让学生更加深入地理解公式的结构特征，并能灵活运用完全平方公式呢？

我的回答是，可以再回到几何直观的角度，来加深学生对完全平方公式的理解。如图 3-3 所示，在前面两个图中，大正方形的面积可以由两个小正方形与两个小长方形的面积的和来表示。在第三个图中，大正方形的面积变成了两个平行四边形、两个三角形和一个小正方形的面积的和。在第四个图中，大三角形的面积等于两个小三角形与一个平行四边形的面积之和。

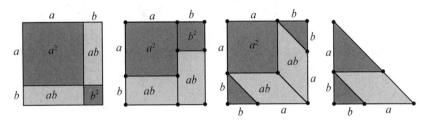

图 3-3　完全平方公式的几何直观

对完全平方公式的几何意义的理解，体现了从一般到特殊的过程。直观的感受不仅可以使学生在脑海中留下深刻印象，帮助学生记住公式，而且在从直观到抽象再到直观的往复体验的思维过程中，学生收获的不仅是知识，还有对完全平方公式的深刻理解，思维也得到了不断训练。

到了高中，学生的思维以抽象思维为主，要加深学生对所学知识的理解，同时也要呵护学生学习的自信心。在抽象的数学学习中，加入直观的因素，可以帮助学生减少学习抽象概念时的困难，尽最大可能减少学生掉队。这会使数学的学习显得更接地气，为学生所接受。

当教师按照直观性原则进行课堂教学时，最好从周围的生活场景中寻找熟悉的物体让学生进行观察，一切事物都应尽量地放在感官面前。如果受到教学环境等客观因素影响而不能直接进行观察活动时，可以借助图片或者模型来进行教学活动。

例如，在我们探求等差数列 1，2，3，…，n 的前 n 项和的时候，我们要证明或者探索：$1+2+3+4+\cdots+n=\dfrac{n(1+n)}{2}$。

我们知道，

$S_n = 1+2+3+4+\cdots+(n-1)+n$，

$S_n = n+(n-1)+\cdots+4+3+2+1$，

$2S_n = n(n+1)$，

$S_n = \dfrac{n(n+1)}{2}$。

我们总是直接使用倒序相加法，通过上述方法当然能够很快得出结果，但实际上会有一部分学生觉得倒序相加的方法出现得很突兀，学生能听懂这个方法，但对这个方法的理解并不深刻，甚至会对这个方法的由来感到不理解，当再碰到这样的问题时，也只是通过死记硬背来进行记忆。

如果我们在进行严格的抽象证明之前，加入直观的模型，会使学生的理解产生事半功倍的效果。比如，我们可以构造一个阶梯状的方格模型，或者书本上的钢管模型，如图 3-4 所示，将两个阶梯状的模型拼接在一起，学生通过直观感知会迅速对模型的含义形成深刻的理解。对于高中的学生而言，有了这个模型，会很快通过自己的经验，将数学直观模型转化为抽象的符号运算，从而使问题得以解决。同时在这样的过程中，学生也会加深对倒序相加这个方法的理解，了解每个符号代表的真实含义。这种直观解释虽然不能作为严格的数学证明，但却把数学抽象的符号和生活情境联系了起来，使学生更能体会抽象的数学式子背后的现实意义，同时会为学生找到解决问题的办法提供有力的支撑。

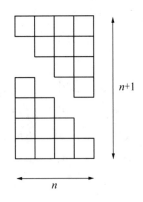

图 3-4　等差数列求和模型

例如，若 a，b，m 都是正数，且 $a < b$，求证：$\dfrac{a}{b} < \dfrac{a+m}{b+m}$。

这对于高中的学生来说其实并不难，只需要通过作差的方法来解决就可以了。

$$\frac{a}{b} - \frac{a+m}{b+m} = \frac{a(b+m) - b(a+m)}{b(b+m)} = \frac{am - bm}{b(b+m)} = \frac{m(a-b)}{b(b+m)} < 0。$$

问题即可得证。

如果我们从另一个角度帮助学生理解，是不是更好呢？如果我们把 a 看作是糖，b 是糖 a 溶于水后得到的糖水，那么 $\dfrac{a}{b}$ 就代表了这个糖水的浓度。往这个糖水中再加入质量为 m 的糖，那么此时糖水的浓度为 $\dfrac{a+m}{b+m}$，就会变得更甜了。用这个形象的例子可以使学生更快地理解这个不等式的意义。这样的解释让我们生动地看到了这个不等式的直观含义，直观形象的例子帮助同学们一下就记住了这个结论，并为类似的不等式的研究提供了一定的参照。

例如，在基本不等式中：

(1)对于任意实数 a，b，有 $a^2 + b^2 \geqslant 2ab$，当且仅当 $a = b$ 时等号

成立。

几何解释：如图 3-5 所示，大正方形的面积大于 4 个直角边长分别为 a，b 的直角三角形的面积之和，当且仅当直角三角形变为等腰直角三角形，即 $a=b$ 时，中间的小正方形缩为一个点，此时有 $a^2+b^2=2ab$。

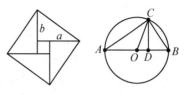

图 3-5 基本不等式的几何意义

(2)对于任意正数 a，b，有 $\dfrac{a+b}{2} \geqslant \sqrt{ab}$，

当且仅当 $a=b$ 时等号成立。

几何解释：如图 3-5 所示，以 $a+b$ 为直径的圆 O 中，$AD=a$，$BD=b$，过 D 点作 $CD \perp AB$，交圆于点 C，则有 $CD<OC$，当且仅当点 D 与圆心 O 重合时，$CD=OC$，即 $a=b$ 时，等号成立。

我们可以看到，从几何角度对两个基本不等式进行解释，会给两个基本不等式赋予形象的、动态的含义。

例如，某所高中组织了 260 名学生参加学科竞赛，其中有 120 名男生、80 名女生参加物理竞赛，有 120 名女生、80 名男生参加数学竞赛，据了解有 75 名男生两科竞赛都参加了，那么参加物理竞赛而没有参加数学竞赛的女生人数是多少人？

分析：如图 3-6 所示，设两科竞赛都参加的女生有 x 人，画出韦恩图可得：

$(120-x)+(80-x)+x+45+75+5=260$，

解得 $x=65$，故所求为 $80-x=15$。

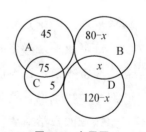

图 3-6 韦恩图

韦恩图的使用为问题找到了突破的窗口，甚至是厘清了研究问题的基本思路，这对问题的解决起到了决定性的作用。当教师在教学过程中采用多种教学手段引导学生对事物、模型等对象进行直观感知，获取对事物的清晰表象，帮助学生理解抽象知识、提升认知能力的时候，

学生对知识的发生、发展过程，就有了更深刻的认识和理解。

形象具体的直观思维是抽象思维发展的基石，能够帮助学生亲身体验数学知识的发生、发展过程。通过学生形象思维能力的自主发展，突出学生学习的主体性；随着对事物从直观感性到理性的深入认知，提升学生的观察能力，促进其抽象思维的发展，这不仅符合学生认识事物的心理发展规律，而且也是非常重要的教学原则。

二、数学概念是抽象概括的载体

概念是思维的重要内容，概念的形成和发展是认知发展的重要组成部分。一方面，学生只有形成了某种概念，才能用它进行抽象、概括、判断和推理，用它来分析问题和解决问题。另一方面，学生掌握概念和理解概念又是以原有认知水平，特别是以思维水平为基础的。虽然此处所说的概念是广义上的概念统称，但数学概念的深化、理解与上述广义的概念有着直接的联系。在学生从小学到中学的过渡过程中，中学相对小学而言会接触较多的概念。虽然概念的范围比较广泛，但从数学概念来说，学生对数学概念的理解以及使用，是学生抽象概括的最直接的载体。

(一)中小学在数学概念的教学中存在着差异

小学生学习数学概念，一般是要经历直观操作、类比归纳、简单的演绎推理的思维过程。小学生受思维水平的限制，所理解并应用的概念，许多还不是严格的科学意义上的概念，而且小学生理解和掌握的概念还非常零散，在他们的头脑中并没有完整的概念一说。此时的数学概念对小学生来说，就是利用自己的生活经验对数学现象的一种解读。小学生接触的数学概念一般以描述性的概念为主，对性质以及法则的要求并不深刻，处于概念的浅表层。一般都是结合具体实际，加以简单描述，大多只停留在了解层面，并不对其进行深刻剖析。即使需要加深了解，一般都是通过实际例子进行初步的描述与说明。此时并不对概念进行深刻剖析，概念的教学并不突出，概念这个词出现的频率也极少。

由于小学数学所涉及的内容，无论是基本概念，如自然数、负数、有理数、点、线、面、角等，还是四则运算法则，交换律、分配律等基本法则，都是最基本、最本质的，要把这些本质的东西讲述清楚，往往比较困难。此外，小学生的抽象能力，特别是演绎推理能力尚未形成，教师不应当也不可能过多地讲授数学道理。因此在小学，数学概念的教学以一种潜移默化、直观轻松的原则呈现在学生面前。

进入中学后，学生开始有组织、有计划、系统地学习数学概念。概念教学日益凸显出其重要性。例如，在七年级有理数的学习中，学生会经历多个概念的学习，如负数，有理数，数轴，相反数，绝对值，有理数的加、减、乘、除、乘方，科学计数法，近似数，还有各种概念对应的性质以及运算法则等。

首先，开始对概念有意识地进行抽象概括。此时开始逐渐明晰研究的对象是什么，对象间的关系是什么。此时学生处于从具体运算阶段向形式运算阶段过渡的时期，其思维由原来的以具体形象思维为主要形式逐渐变为以抽象逻辑思维为主要形式。因此，此时的概念也有相当一部分仍是描述性的概念，这是适合学生的思维发展状况和学生的思维特征的绝佳安排。在教学中，已经有目的和有计划地展开概念学习，循序渐进的概念学习在中学的课堂中表现突出。

其次，围绕概念开始不断展开层层剖析，通过对各种概念或性质的分析，加深学生对核心概念的理解。数学概念既是数学思维的基础，又是数学思维的结果。所以概念教学不应简单地给出定义，应当引导学生感受或领悟隐含于概念之中的数学思想。

比如，在负数概念的教学中，人教版数学七年级教科书借助温度计给出了描述性定义，但小学教材也是这样进行描述的，所以如果初中对负数概念的讲解也止步于此的话，显然学生对负数概念很难做到透彻理解。若设计一个揭示概念与新问题间矛盾的实例，使学生认识到负数产生的合理性和必要性，领悟其中的数学符号化思想的价值，则无疑会有益于激发学生探究概念的兴趣，从而更深刻、全面地理解负数这个概念。例如，可以通过演示温度计引出负数概念的教学：去年冬季某天，北京白天的最高气温是零上 10 ℃，夜晚的最低气温是零下 5 ℃，问这一天的最高气温比最低气温高多少摄氏度。学生知道应该用减法来求出问题的答案。但是，在具体列算式时遇到了困惑：是"10－5"吗？不对！是"零上 10 ℃－零下 5 ℃"吗？似乎对，但又无法进行运算。于是，一个关于负数及其表示的思考由此展开。再通过现实生活中大量的表示相反意义的量，抽象概括出表示相反意义的量可用数学符号"＋"与"－"来表示，从而解决了实际生活中的一系列运算问题，达到了知识与思想协调发展的目的。

负数概念的引入，在原则上是极为困难的一步。学生已习惯于用直观的形式，即通过事物的具体数量来表示数，现在他们会觉得运算的符号与结果和以前不一样了。负数对他们来说是一种新的概念，与他们从具体事物的数量中得来的观念几乎没有共同之处。尽管要比过去的概念抽象得多，但是他们又不得不把负数当作实物来进行运算，这是由具体数学向形式数学的第一次转折，要完全掌握这种转折中出现的问题，需要有较高的抽象能力。

因此在教学中教师要特别重视概念教学的循序渐进，以及对概念教学的层层剖析，尤其是要借助具体形象直观的实例，逐步进行归纳总结，形成概念。这是促进学生抽象思维渐进式发展的重要手段。建议初中教师在教学中，充分重视这一点，避免授课内容过于关注概念本身，授课方法过于关注学生的思维的抽象性，而造成学生的不适应。

(二)数学概念的深化，促进学生抽象思维的发展

数学各部分内容之间是相互联系的，学生的学习是循序渐进逐步发展的，为了培养学生对数学内部联系的认识，需要将不同的数学内容联系起来，以加深学生对数学的认识和对数学本质的理解。

例如，在有序数对的教学中，学生在小学阶段(四年级)，对"用数对表示具体情境中物体的位置"有了一定的了解，他们知道：表示一个物体的位置可以用数对表示；数对中的第一个数表示列，第二个数表示行。在小学，学生只是初步了解了数对可以表示一个位置，会用数对标识一个位置。但学生并不清楚数对的有序性，更加不明白如何用有序数对表示一个确定的位置。

结合学生已有的知识和生活经验，在中学的有序数对的概念教学中，要在"有序"，以及"确定"上下功夫，让学生进一步感受用有序数对表示物体的位置的方法，为建立平面直角坐标系以及在平面直角坐标系中用有序数对来确定一个点的位置做铺垫，所以有序数对是学习平面直角坐标系的关键，也是将来学习函数的基础。

利用几个生活中常见的例子引导学生逐步进入数学化的过程，即经历用有序数对表示物体的位置的过程，并观察数对的特点，使学生感受有序的必要性，加深对有序的理解，最后归纳出它的概念。在向学生提问"认为自己的座位可以用数对(2，1)来表示的同学请站起来"时，有的学生犹豫，有的学生甚至不认为自己的位置可以用(2，1)来表示，学生的行为是学生思维的展现。学生如果能够脱离有序数对概念的现实背景，进行数学概念抽象的话，他很容易明白自己的位置是否可以用数对(2，1)来表示。事实上在没有任何规定的情况下，任何位置都可以用(2，1)来表示。因此有序数对要能够表示一个确定的位置，起码还要满足：有规定的起点，有方向，可说明数对的意义等要求。此时可以看到学生思维上的不同情况，有的学生的思维局限于现实背景中，还未能脱离现实背景。所以教师在设计此环节时，可通过激烈的思维冲突，帮助学生对有序数对概念进行深化，促进学生抽象思维的发展。

这是从对位置的定性描述转为定量研究，从直观走向抽象的过程。因为一旦将位置与数字一一对应起来，就可以通过对数字的关系、变化、运算的研究来描述位置及位置之间的关系、变化，这是数字化带来的重要意义。这时学生思维开始从宏观的感知变为微观的研究。学生思维的脉冲会越来越细密，也会越来越有序。在对概念的不断深化的过程中，学生的抽象思维得到了发展，学生的理解能力得到了加强。

三、符号意识的培养，促进学生抽象思维的发展

数学所反映的不只是某一特定事物或现象的量性特征，还有一类事物或现象在量的方面的共同性质。帮助学生形成数学抽象的关键是摆脱问题的现实情境得到抽象的数学模式，也称为去情境化。这其中的一个重要手段是可以引入适当的图形或符号，来实现与具体情境在一定程度上的分离。

(一)数学符号的介入，将数学抽象引入更深刻的境地

《课标(2022年版)》指出："符号意识主要是指能够感悟符号的数学功能，知道符号表达的现实意义；能够初步运用符号表示数量、关系和一般规律；知道用符号表达的运算规律和推理结论具有一般性；初步体会符号的使用是数学表达和数学思考的重要形式。符号意识是形成抽象能力和推理能力的经验基础。"因此在教学活动中，要让学生逐渐感悟符号表达的重要性以及符号表达的实质。

数学符号作为数学表达的基本语言，它是数学的代言者。数学的发生、发展以及数学的概念、公式、定理、法则，甚至包括数学知识的分解与构成等，几乎都是由数学符号来进行代言的。数学符号作为数学的语言，它使得数学概念的呈现、数学运算和推理变得更加精练和简洁。数学符号是经过高度抽象和概括的科学语言，是表示数学概念和进行数学思考、抽象、推理的基本工具，更是数学解决问题的方法，它也使得数学思维更加精练、概括，从而更容易揭示数学对象的本质。

数学符号贯穿学生数学学习的整个旅途，当学生从事物的具体背景中抽象出一般规律和结构，并且用数学符号或者数学术语予以表征时，学生的数学抽象会得到很好的锻炼，学生对所学知识的理解会更具一般性，理解得会更深刻。发展学生数学符号意识的内涵就是在理解、感悟和运用数学符号的过程中逐渐形成一种内化于数学思维中的数学素养。符号的介入，势必将数学抽象引入更深刻的境地。

(二)数学符号的形成与发展是学生思维转换过程的一个缩影

学生在中小学阶段要经历三个阶段的抽象，第一个阶段的抽象，是

从数量到数字的抽象，在小学阶段完成。第二阶段的抽象，是从数字到字母的抽象，在初中阶段表现得最为明显。第三个阶段的抽象，是从字母到集合的抽象，主要在高中阶段完成，高中学生的抽象思维以螺旋上升的方式进入集合的研究领域。[①]

数学符号有很多，如下面这些数字和符号都是数学符号。

在小学：$\bigcirc \leftrightarrow 1$，$\bigcirc\bigcirc \leftrightarrow 2$，$\bigcirc\bigcirc\bigcirc \leftrightarrow 3$。

在中学：$a^2 - b^2 = (a+b)(a-b)$，$a^2 + b^2 = c^2$，$x = \dfrac{-b \pm \sqrt{b^2 - 4ac}}{2a}$，

$$(x+a)^n = \sum_{k=0}^{n} C_k^n x^k a^{n-k}。$$

我现在所说的符号意识，主要针对的是"用字母表示数"。这也是学生在代数学习中感到最不好理解的内容。一些同学总有这样的感觉：最怕的是一大堆的字母，出现这些就感到头疼，这是自己最不爱学习的内容……

首先，字母表示数是最抽象的存在，学生几乎没有现实的参照，完全凭借大脑的加工，学生对数学问题的理解只能依靠思维的活动。其次，它是学生抽象思维发展的关键所在，用字母表示数后，由数到式完成了小学的算术学向中学的代数学的过渡，实现了从具体数学向抽象数学的过渡，这也是数学运算方面的转折点。这部分内容十分重要，虽然它对于学生而言很难，是需要学生努力学习和理解的，但这部分内容恰恰是培养学生抽象思维、逻辑推理等核心素养的绝佳载体。

小学阶段已经渗透了许多用字母表示数的知识，如常见的数量关系、运算定律、基本图形的面积和体积公式等。这些知识都可以成为初中学习的字母表示数专题的实际例子，起到很好的铺垫作用。

在义务教育阶段，要培养学生的思维由形象思维逐渐向抽象思维转变，数学符号的形成与发展恰恰是学生思维转换过程的一个缩影。这个

95

阶段所接触的数学符号及其意义，是以后学习其他数学知识的重要基础，是学生更好地进行数学学习的前提和保障。只有掌握最基础、最简单、最抽象的数学符号，才能更好地进行数学运算与推理、思考与表达。

(三)理解数学符号，是学生思维进阶的一个重要标志

1. 从特殊到一般，"不依不饶"地理解

在教学中，我们经常设置从特殊到一般的教学环节，让学生从特殊的事例、数据、图形等中，归纳出一定的规律，并进行推广。这是抽象思维发展的一个基本环节。(图 3-7)

例 1：仔细观察下面两位数乘法的式子，试着思考下面的问题。

$15 \times 15 = 225$，

$25 \times 25 = 625$，

$35 \times 35 = 1\ 225$，

$45 \times 45 = 2\ 025$，

……

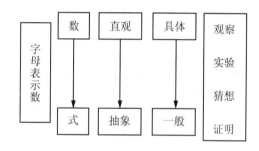

(1)请你试着按规律写出第五个式子；

图 3-7 从特殊到一般的教学环节

(2)请你想办法表达一下发现的规律；

(3)请验证你发现的规律是否正确；

(4)用你总结的规律，再写三个这样的式子；

(5)请你思考，将上述规律扩展成三位数，结论是否仍然成立？

这就是一个非常典型的从特殊的数字入手，观察、归纳、猜想其规律的一般性，并进行证明的题目。

我们发现结果很有趣：这些算式可以表达成

$15 \times 15 = 1 \times 2 \times 100 + 25 = 225$，

$25 \times 25 = 2 \times 3 \times 100 + 25 = 625$，

$35 \times 35 = 3 \times 4 \times 100 + 25 = 1\,225$，

$45 \times 45 = 4 \times 5 \times 100 + 25 = 2\,025$，

……

我们要有意识地引导学生，在观察中思考，观察什么？怎么观察？显然在此题目中，我们看到，这是一个两位数乘法的问题，首先观察运算的对象，再观察运算的法则、运算的结果。先整体观察题目的数据，再局部观察数据的特征等，发现数据之间的区别与联系，重要的是发现它们共同的规律。然后进行猜想，把发现的规律一般化，再利用所学知识证明猜想的规律是否正确。

当学生用文字语言描述发现的规律时，学生会说：两位数的个位数都是 5，十位数都相同，是两个相同的数字在相乘。所得结果的后两位都是 25，有的结果的千位和百位都是原来十位上的数字乘比它大 1 的数得到的……看，描述起来很烦琐，并且不容易说清楚。当学生用图示和符号语言表达的时候就简洁多了（图 3-8）。

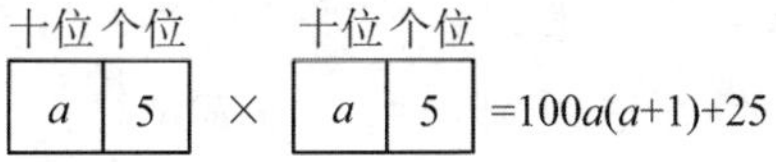

图 3-8

此前学生在小学阶段已经学习了整数的乘法，并经历过对研究对象进行观察、实验、猜想等训练，但要证明的话却没有足够的知识作为支撑。进入中学后，学生已经学习了用整式表示实际问题中的数量关系及整式的加减运算，但是正确理解字母的真正含义，熟悉用符号表示具体情境中的数量关系，并将其抽象成一般的规律，加以证明，对学生而言仍有一定难度。

首先我们要问，为什么使用字母表示数呢？学生的回答是：字母 a 可以表示一切数。诚然，这是我们使用字母的原因之一。字母可以代替数，甚至可以代替一切符合条件的数。这样我们就可以把对具体数学的研究，变成对一般的数学规律的探索。虽然表达式中含有字母，但是字母仍然可以像数那样进行运算和推理，并且运算和推理的结果具有一般

性，这就是数学从特殊走向一般的开始。

那么用字母表示数的策略是什么呢？是不是字母能够随意使用呢？刚开始有的学生使用"$a5 \times a5$"表达两位数，结果当然计算不出我们想要的答案。学生自己也不理解"$a5$"这是一个什么样的数。比如，数字34，代表的是 3 个十，4 个一，因此 $34 = 3 \times 10 + 4$。按照如此的规律，十位上的数字是 a，这就代表 a 个十，个位上的数字是 5，因此这个数字应表示为 $10a + 5$。我们要清楚的是，字母的表达应当反映题目的一般规律，$(10a + 5)(10a + 5)$ 才是正确的表达方式。在这个部分制造学生的思维冲突，让学生深刻理解其中的含义，学生对如何正确使用字母表示数才会越来越清晰。

那么能不能在结果里找出规律，并进行验证呢？显然这个推理证明是较为容易的，用符号语言描述这个证明过程也是比较简洁的。

$(10a + 5)(10a + 5) = 100a^2 + 50a + 50a + 25 = 100a(a + 1) + 25$。

在这个过程中，能够帮助我们完成这一思维过程的工具就是用字母表示数。从小学的数到中学的式，从数的运算到式的运算，这里面起关键作用的元素就是用字母表示数。用字母表示数拉开了真正的代数学的帷幕，形式上，字母的表达比数字更为一般，如果说数字符号实现了从感性具体到理性具体的抽象，那么字母符号则实现了从理性具体到理性一般的抽象。用字母表示数，可以继续帮助学生使其思维从直观具体走向一般抽象。

为什么用字母表示数，使得用字母进行运算或推理的结果具有一般性呢？我们可以看到，在此问题情境下，字母 a 的取值范围并不是一切实数，而是 1～9 的自然数。此时的字母 a 并不具有完全意义上的一般性，它仍是具体的数字，但是当我们舍弃这个实际的背景，抛开两位数的乘法概念，再来看这个式子，字母 a 可以取任意实数，式子永远会成立，因为这是一个恒等变形。字母的取值范围，使得原来仅局限于 1～9 的自然数范围内的具体的、散点式的规律，上升为全体实数范围内的一般性的规律。

在等式 $(10a+5)(10a+5)=100a^2+50a+50a+25=100a(a+1)+25$ 中可以看到，这个式子的推理过程，完全可以摆脱实际背景的支撑。无论字母 a 取何值，这个规律永远成立。a 取 $1\sim9$ 的自然数，只是这个规律的特殊情况。这就将特殊的研究推向了一般，将具体背景下的具体问题，指向了抽象下的一般性的表达。学生只有明白或做到了这一点，思维才真正可以进阶，才能真正得到发展。

我们再来看最后的结果，如果单纯地看 $100a^2+100a+25$ 这个运算的结果，并不容易看出结果的规律性，但是当把结果 $100a^2+100a+25$ 进一步变形、整理的时候，会发现 $100a^2+100a+25=100a(a+1)+25$，这个含有字母的表达式就体现出了更清晰的规律。学生会很清晰地从运算中理解到"$a+1$"是怎么出现的，为什么数字 25 按照顺序摆放在最后就是最后的两位数……学生会非常清晰地感受到，字母与数字一样参与运算，运算使代数式的结构发生了改变，不同的代数式结构指向不同的意义的实质。因此，说明用字母表示数并不是仅仅将数字换成字母，而是追求使字母表达式经过运算变形后，呈现具有一般性的规律，这才是用字母表示数的真正价值。

在数学教学活动中，培养学生的符号意识，有利于学生提升抽象思维、逻辑推理等能力，有利于培养学生程序化思考问题的习惯，有利于学生养成实事求是、一丝不苟的科学精神。在课堂教学中，并不是要通过大量的练习以及对各种题型的训练来帮助学生梳理知识、训练技能，进而加深学生的理解，而是要通过学生自己的观察，发现问题、提出问题，加深对知识本质的理解。可以通过在为什么使用符号，怎样使用符号，符号的一般性的问题中，对学生的回答或想法进行"不依不饶"的追问，来加深学生对数与代数的本质的理解。

2. 从一般到特殊，"反反复复"地理解

抽象的核心是舍去现实背景，联系的核心是回归现实背景。学数学是为了用数学，这对发展学生应用数学知识解决实际问题并形成实践能力和创新能力而言是行之有效的。学生在新的情境当中应用所获得的对符号的感悟，才能真正理解符号的含义以及其背后蕴含的深刻道理。这将帮助学生自觉形成探究意识和努力探索世界的积极态度。

符号或者概念是一种抽象的存在，存在于人们的大脑之中，只有将其具体化或实际化，才能发挥其真正的价值，为人们生产、生活所用。

例 2：在式子 $(10a+5)[10(a+1)+5]$ 中，a 为 1～9 的自然数，你能发现这样的两位数乘积的结果有什么规律吗？请你写出几个，并进行验证。

借助这个问题可以很好地看到学生思维的状况，把学生隐形的思维显现出来。

方式 1：有的学生会先从抽象的表达开始，进行推理，再用具体的实例表达出来。

$(10a+5)[10(a+1)+5]$

$=(10a+5)(10a+15)$

$=100a^2+150a+50a+75$

$=100a^2+200a+75$

$=100a(a+2)+75$。

发现式子具有的特征之后，再让 a 取 1，2，3，…，9。

$15\times25=1\times3\times100+75=375$，

$25\times35=2\times4\times100+75=875$，

$35\times45=3\times5\times100+75=1\ 575$，

……

这种方式很好地展现了学生的思维由抽象走向具体的过程，使学生进一步理解了符号所表达的意义。当然这种转变不是突如其来的，是学生通过自己的理解，培养抽象能力，并在自己的思考中逐渐养成的思考问题的方式。

方式 2：有的学生先举出实际例子，通过观察、归纳、探究，猜想出一般的规律之后再对一般式子进行证明。学生先让 a 取 1，2，3，…，9，得出下面的式子。

$15 \times 25 = 1 \times 3 \times 100 + 75 = 375$，

$25 \times 35 = 2 \times 4 \times 100 + 75 = 875$，

$35 \times 45 = 3 \times 5 \times 100 + 75 = 1\,575$，

……

发现规律，再进行证明。这种思维的方式，显然与例 1 中的是一样的。这样做的同学显然还不能完全从抽象表达入手，仍然习惯使用具体形象的思维，抽象思维的意识还没有完全占据上风，这就需要教师进一步根据学生的实际情况采取更加有效的措施。这样的问题使得我们对学生的思维状况有了更进一步的了解。在这个问题中，学生这两种思考问题的方式，正好是互逆的，从不同角度去发现规律和结果，也恰好是在学生的思维过程中加深学生理解的绝好素材。

第二节 数学逻辑思维的发展是理解的有效路径

理解是"顺着脉理或条理进行剖析"，这就说明理解一定是有逻辑的，有逻辑的思维才会使得理解具有条理性，将理解引向深刻。显然数学逻辑思维的发展是加深理解层次的有效路径，深层次的理解同样也会促进数学思维的纵深发展。

逻辑推理是数学逻辑思维的主要形式。逻辑推理是指从一些事实和命题出发，依据逻辑规则推出一个命题的思维过程。逻辑推理是得到数学结论、构建数学体系的重要方式，是数学严谨性的基本保证，是人们在数学活动中进行交流的基本思维品质。

数学的推理是一种有逻辑的推理，一般包括合情推理与演绎推理。许多人认为数学的推理就是证明，而证明的过程就是演绎推理的过程，其实是错误的。合情推理与演绎推理都属于逻辑推理的范畴。在一般情况下，人们都是借助归纳、类比等合情推理的方法猜想出数学的结果，再借助演绎推理来验证这个结果的。显然合情推理属于经验的推理，演绎推理属于形式的推理，如果把这两种推理的模式结合起来，就得到了

数学推理的全部过程，而这两种推理的有机结合才建构了数学的严谨性。学习数学并不仅仅是记住一些东西，而是能够感悟数学所研究问题的本质，理解命题之间的逻辑关系，在感悟和理解的基础上学会思考，形成数学的思维。对学生而言，体验发现、类比、归纳、猜想、证明及评价的过程，对学生未来的学习与生活有着重要的意义。因此在教学中，教师应该将对逻辑推理能力的培养融入各个章节的教学中，让学生的逻辑思维得到充分的锻炼和发展。

一、用合情推理合理地培养学生的数学思维品质

合情推理是前提为真时结论可能为真的推理，是一种或然性的推理；是根据已有的事实或正确的结论（包括定义、定理、公理）通过试验和实践得出结果，或根据个人的经验和直觉推测某些结果的推理过程。它常常包含归纳推理和类比推理。

比如，在学习等差数列时，如何推导其通项公式呢？我们发现

$a_1 = a_1 + 0d$，

$a_2 = a_1 + d$，

$a_3 = a_1 + 2d$，

$a_4 = a_1 + 3d$，

…

$a_n = a_1 + (n-1)d$。

根据一类事物的部分对象具有某种性质，推出这类事物的所有对象都具有这种性质的推理就是归纳推理。

类比推理是以两个对象具有部分相同或类似的属性，且其中一个对象还具有另外的属性为前提，推出另一个对象也有这种相同或类似的属性的推理。它的形式一般是：

若 A 具有性质 F_1，F_2，F_3，…，F_n，P；

B 具有性质 F_1，F_2，F_3，…，F_n；

则 B 具有性质 P。

合情推理在教学中应用广泛，特别是在激发学生的学习兴趣和发挥

学生的主观能动性方面，意义非凡。尤其是当学生的学习基础较为薄弱，学习的自信心不足时，突出的表现是学生缺乏探究意识，自主探索能力缺失，对数学不敢想，不敢探究，或者是说不知道如何去探究，不知道从何下手。合情推理可以起到帮助学生树立学习的自信，培养学生的探索精神的作用。它具有直接、具体、贴合学生实际的特点。合情推理能力是学生进行演绎推理的基础，合情推理的思想方法直接影响着学生对演绎推理的落实与使用。

但是在教学中我们发现，中学的教师都非常注重演绎推理，针对演绎推理的严谨性、合理性和逻辑性都进行了大量的、有针对性的训练，但对于合情推理，一部分教师却并没有给予合理的重视。一方面，因为合情推理所得结论的真实性不确定，所以它不能作为数学严格的证明方法，虽然它帮助人们建立了一种猜想，但猜想的真实性有待进一步严格的证明和实践检验。但对于中学教师而言，在评价与检测方面存在一定困难，久而久之教师就淡化了对合情推理的培养。另一方面，可以说合情推理贯穿了学生整个的数学学习过程，而演绎推理则是从初中阶段开始重点发展的。中学教师会更关注对演绎推理能力的培养，认为合情推理是小学的事，中学教师的主要职责是发展学生的演绎推理能力。这样的想法就会将学生思维的发展人为地割裂开来，给学生思维发展的延续性带来了较大的影响。殊不知，合情推理与演绎推理二者结合才能让学生理解数学推理的本质，从而进一步促进学生思维的发展。因此建议在数学学习的过程中，让学生充分感受合情推理的自然性，帮助学生逐渐积累归纳、类比的思维经验，帮助学生不仅要学会分析问题、解决问题，还要学会发现和提出问题。

例3：某同学在做一道题目时发现以下内容。

若复数 $z_1 = \cos \alpha_1 + i\sin \alpha_1$，$z_2 = \cos \alpha_2 + i\sin \alpha_2$，$z_3 = \cos \alpha_3 + i\sin \alpha_3$（其中 α_1，α_2，$\alpha_3 \in \mathbf{R}$），则

$$z_1 \cdot z_2 = \cos(\alpha_1 + \alpha_2) + i\sin(\alpha_1 + \alpha_2),$$
$$z_2 \cdot z_3 = \cos(\alpha_2 + \alpha_3) + i\sin(\alpha_2 + \alpha_3).$$

根据上面的结论，可以提出猜想：

$z_1 \cdot z_2 \cdot z_3 = $ ＿＿＿＿＿＿＿＿＿；

$(z_1)^n = $ ＿＿＿＿＿＿＿＿＿，其中 $n \in \mathbf{N}^*$。

这是一道典型的合情推理的题目，但在对某校高三学生的调研中发现，学生的正确率仅为 43%，半正确率为 37%（答对一个空），错误率为 16%，有 4% 的学生不会作答。在对教师的访谈中发现，有教师认为学生之所以出现问题，是学生不能理解题意，或者是对复数部分的知识掌握得不够牢固。真的是这样吗？还是这个题目，我分别在高一年级、七年级进行了试验，学生并没有学习过复数及其相关的知识，但他们的答题情况与高三年级学生的答题情况基本类似。低年级学生的反应是："虽然不知道复数 z_1，z_2 的含义，但不影响做本题，其实本题就是寻找规律，进行猜想、推理就行了。"

合情推理有时往往是学生的一个直觉。学生经历观察、归纳、猜想等合情推理过程，不仅可以发现数学中隐含着的规律，而且发现这些规律的过程，是学生根据自己的直觉或者经验来完成的，或者说是从自己的认知出发的。显然学生的主体性在其中发挥了积极作用，学生借助自身已有的知识和经验（认知结构）能动地建构起了关于客体的认识，因此所有的知识都是学生自己能动地建构的对客体的认识。让学生建构自己的数学理解，就是要让学生从自己的认知出发，在活动中通过自己的思维发展，建立起自己对事物的理解和认识，形成自己的观点和态度。

例 4：已知数列 $\{a_n\}$ 满足 $a_1 = 0$，$a_{n+1} = \dfrac{a_n - \sqrt{3}}{\sqrt{3} a_n + 1}$（$n \in \mathbf{N}^*$），则 $a_{20} = ($ ＿＿ $)$。

分析：抓住数列的特点，先试着写出这个数列的前四项，会发现 $a_1 = 0$，$a_2 = -\sqrt{3}$，$a_3 = \sqrt{3}$，$a_4 = 0$，从第四项开始，数列开始重复，数列的第四、五、六项与前面的三项是一样的。也就是说，这个数列是每三项重复一次，那么第 20 项是多少的问题就很容易解决了。用这类题目再次明确合情推理在解题中的作用，学生通过观察、实验、猜想，去研究、分析题目，从而获得解题的思路。

合情推理的实质是发现。在解决问题的过程中，合情推理具有猜测和发现结论、探索和提供思路的作用，因此合情推理有利于学生创新意识的培养，有利于培养学生的想象能力、实践能力等多方面的能力。（图 3-9）

例 5：观察下列等式，

$1=1$，

$2+3+4=9$，

$3+4+5+6+7=25$，

$4+5+6+7+8+9+10=49$，

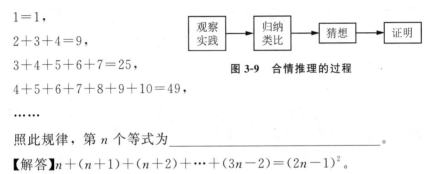

图 3-9　合情推理的过程

……

照此规律，第 n 个等式为 ＿＿＿＿＿＿＿＿＿＿＿＿＿＿＿＿。

【解答】$n+(n+1)+(n+2)+\cdots+(3n-2)=(2n-1)^2$。

我们发现等式的第一个数字恰好就是等式的顺序数，因此推测第 n 个等式的第一个数字为 n，我们可以将自己的推测进行验证，$n=1$，2，3，4，…都符合式子的规律，这样接下来的表述就会清晰很多。鼓励学生从观察式子中的数字特征入手，找到等式左侧数字的规律，再发现等式右侧数字的规律，然后将发现的规律与字母进行匹配。但对于等式右侧的规律，部分同学可能还会遇到困难，如果学生能够很快直观地发现右侧的数是奇数的平方，并且是从 1 开始的奇数的平方，那么问题就会迎刃而解了。之后我们可以通过严格的证明，来验证我们的猜想。

左边 $=n+(n+1)+(n+2)+(n+3)+\cdots+(3n-2)$

$$=\frac{(2n-1)(n+3n-2)}{2}$$

$$=(2n-1)^2=右边。$$

合情推理相对于演绎推理而言，是一种含有较多猜想成分的推理，它有助于学生发现新的规律和事实。这些发现是学生从自己的认知经验出发，形成的自己的初步理解，也是学生的智慧火花。一方面，即使这样的理解、猜想不是正确的，但我们从学生错误的感知中，去寻找正确的方向，一定会加深学生的印象，促进他们对正确感知的理解。另一方面，这是促进学生产生良好的学习欲望，形成浓厚兴趣的关键时刻，我们要努力呵护这些智慧火花，使其发展壮大。

通过对合情推理的学习，让学生了解数学不是记忆现成结论的体系，结论的发现过程才是数学的重要内容，从而形成对数学较为完整的认识。这样能够培养学生严谨的学习习惯和实事求是的学习态度。虽然合情推理所得到的结论未必正确，但它们具有由特殊到一般、由特殊到特殊的认识功能，对于发现新的规律和事实有巨大的作用。

教师在教学中要抓住一切机会，通过观察、实验、归纳、类比、猜想等手段，帮助学生不断发展合情推理的能力，对学生的思维品质进行有针对性的培养，使他们对数学的认识更加完整，使他们具有一双发现的眼睛，发现问题、提出问题，发现自我、理解自我。

二、用演绎推理循序渐进地促进学生理解能力的发展

在初中的几何教学中，演绎推理能力是学生需要具备的重要能力之一。我们知道，推理与证明是数学的基本思维活动，也是人们学习和生活中经常会使用的思维方式。除了用合情推理去猜测和发现一些新的结论，探索和提供解决一些问题的思路与方法外，还需要利用演绎推理去进行推理，证明一些数学结论，这不仅可以验证合情推理的结论的正确性，而且可以培养学生言之有理、论证有据、逻辑清晰、表达有序的良好的思维习惯。中学生由于抽象逻辑思维的发展，思维结构的内部关系更加协调，分析与综合、抽象与概括、演绎与归纳、形式逻辑与辩证逻辑、认知与非认知因素等形成了协调发展的新格局，使得中学生思维的功能更完善，思维的效率更高。因此在中学阶段有计划、有顺序地对演绎推理能力进行培养是十分必要的。

我们知道演绎推理能力的形成与发展是学生几何思维发展的重要环

节和主要标志之一。范希尔认为儿童的几何思维水平并不是随着年龄的增长而自然提高的，而是在学生学习的过程中逐渐提高的。因此下面关于演绎推理的思维发展的介绍，是以几何思维发展为例的。但我并不想介绍演绎推理的具体概念或者强调三段论，而是希望在平面几何图形的学习过程中，教师能放慢脚步，循序渐进地培养和发展学生的演绎推理能力。

(一)中小学生的演绎推理能力的发展存在着较大的差异

学生的演绎推理能力是随年龄的增长而发展的，在小学阶段学生的演绎推理能力就有所发展，从小学六年级到初中七年级，发展有所加速，从初中升入高中后，学生的演绎推理能力又有了大的飞跃，在高中阶段学生的演绎推理能力达到较成熟的程度。由此可以看出，中小学生的演绎推理能力的发展存在着较大的差异。

在小学阶段，学生已经在直接推理的基础上，发展起了间接推理的能力，但大多借助于直观形式或熟悉事例，把抽象的前提加以具体化。

在小学进行推理时，学生开始只能复述一些具体事实，之后逐步学会分析事实间的因果联系。例如，在北京师范大学出版社出版的(北师大版)五年级上册的数学教科书中，"探索活动：三角形的面积"这一内容，如图 3-10 所示，先引导学生将三角形转化成学过的图形(长方形、正方形、平行四边形)，再借助具体的图形发现其中的等量关系，最后根据已学图形的面积计算方法，推导出三角形的面积计算公式。整个推导过程需要学生在转化的基础上，根据长方形、正方形、平行四边形的面积计算方法等内容，以及新、旧知识间联系，进行有理有据的推理。而这一推理的基础是长方形、正方形和平行四边形的面积计算方法，当然此时这些计算方法是通过数面积单位的方法得出的，因此这一推理过程是缺乏系统性的。

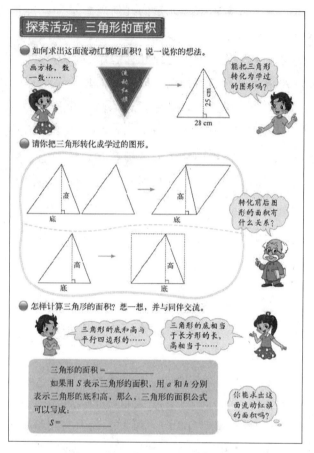

图 3-10　三角形的面积

　　进入中学后，推理活动则大量减少了直观形式，在更抽象的基础上进行，抽象程度也越来越高。中学生逐步学会有意识地使推理尽可能地合乎逻辑，这需要缜密地结合概念、定理、推论等，科学有序地验证其合理性。中学生能够逐步分析事物间的因果联系，从结果去推断原因，由原因预测结果，并能运用逻辑规律来解决问题。演绎推理成为中学生主要的推理形式。

　　图形与几何的学习为学生提高演绎推理能力提供了良好的机会。七年级无论是在代数学习方面还是在平面几何的学习方面，都在不断地为学生的推理能力的培养进行着准备。

例如（图 3-11），请你画一个与图中一样的三角形，保留作图痕迹，并简要说明你的做法。

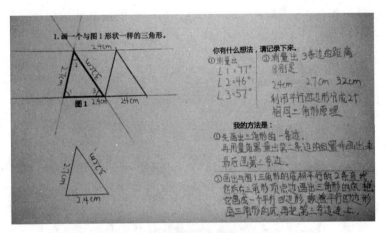

图 3-11 学生画形状一样的三角形

第一次调研的对象：六年级的学生。

学生共有 7 大类做法，65％的学生画出了三角形，但其中有 20％的人说不清自己的做法及规律。有的学生借助平行四边形确定三角形的形状；有的采取做平行线的方法，有的画了一组平行线，有的画了两组平行线或三组平行线；有的利用轴对称的方法，画出了一样的图形；有的确定了两条边和它们的夹角；有的确定了 3 个角的大小……对于没有画出相同的三角形的同学，学生 1 说："怎么做都有误差，即使是画下来，也存在 1°～3°的误差，没办法复制。"学生 2 说："错误地将形状相同变成面积相同了。"

第二次调研的对象：七年级的学生。

学生汇报：3 条边确定了，三角形的形状就能确定；2 条边和 1 个夹角确定了，三角形的形状就能确定；3 个角确定了，三角形的形状不一定能确定……

七年级的学生虽然还没有对三角形进行系统的学习，但通过之前的学习，显然比六年级的学生在研究问题的思路与方法上有所突破。六年级的学生在处理此问题时，显得没有章法，也就是说学生思考问题时没有逻辑，思维的逻辑性较为混乱。此时，学生几何学习方面的基本思路还未形成，但学生的推理意识有所提升，能够根据自己的行动，进行适当的推理与反思。七年级的学生在初步接触几何学习的过程中，开始有意识地从三角形的基本元素入手考虑问题了，能够抓住三角形的关键性的元素，有理有据地展开推理，先试一试一条边相等行不行，两条边相等又怎样，开始思考要画出一样的三角形最少需要几个条件，需要什么样的条件等，这是学生逻辑思维发展的一个佐证。

在调研中我们发现，六年级与七年级的学生几何思维水平存在差异性。从六年级到七年级，几何思维水平有一个明显的上升态势，尤其是水平1与水平2提升得较为明显。在范希尔几何思维水平的描述中，水平1为分析。处于这一水平的学生能够从物体中抽象出几何形体的关键特点，并进行分析，开始认识一些性质，但仍然不能明白图形的概念及性质之间的联系；会依据图形的某个要素进行比较及分类。但处于这一水平的学生无法解释图形的性质。比如，学生清楚三角形的六要素，能将三角形分为锐角三角形、直角三角形及钝角三角形，但是并不能理解三角形大角对大边，小角对小边的道理。水平2为非形式化的演绎。处于这一水平的学生开始建立几何图形和相关性质的联系，理解了几何图形的构成，能得出一些简单的结论，对几何图形的本质有了进一步的掌握，能应用定义和简单的结论进行证明，但是在复杂的情境中进行证明还是有困难。这与学生开始接触几何知识的学习有着明显的关系。七年级学生的几何思维水平主要处于水平1和水平2，此时学生的演绎推理能力初见端倪，但并没有得到太多的发展。

到了八年级，水平3和水平4有所提升。水平3为形式的演绎。处于这一水平的学生对所学的几何知识的相关公理、定理和证明有了更为深刻的理解，拥有了一定的演绎推理能力，能理解证明问题中的必要条件和充分条件；对一些结论可以通过自己的猜想、探究来加以证明，能够解释一些定义及性质定理，也可以通过探究证明一些新的定理；对性质定理，不仅知道结论，也清楚其证明过程及方法。水平 4 为严密性。处于这一水平的学生对几何知识有了总体性的认识及把握，并具有较强的逻辑推理能力，能够在不同的几何系统中进行比较、分析、证明。此时演绎推理已经完全进入学生的学习视野，学生逐渐掌握了严格的几何证明形式，并理解了定理的重要性。

范希尔几何思维水平理论认为，学生的几何思维水平并不会随着学生年龄的增长而提升，学生的几何思维水平是在后续的学习中逐渐提升的。中小学生的几何思维水平的差异，与学生的演绎推理能力的提升有着至关重要的关系，随着学生演绎推理能力的逐步提升，学生的几何思维水平也得到了纵深的发展。

(二)循序渐进地培养演绎推理能力，促进学生逻辑推理能力的发展

假如打破学生年龄的限制，从学生接触几何学习的载体说起，学生先是从宏观上认识现实世界物体的形状、位置关系，再经过大脑加工抽象出物体的几何图形，并在大脑中留下物体的轮廓形象。开始几何知识的学习后，学生逐渐学习到这些几何图形的形状、名称、分类以及它们之间的关系等。随着对几何学的了解，学生逐渐学会用工具和直观地感知学习几何知识，此时学生主要是通过感知来学习的，如通过度量。进入中学以后，学生开始从微观的角度观察和研究几何对象。在直线、射线、线段、角及直线的位置关系，以及基本的几何图形，如三角形、四边形、圆等知识的学习中，学生了解了几何学的基本元素，揭示了平面几何图形基本概念的抽象性特点，借助几何知识发展了自己的几何直观和空间想象能力，培养了自己的逻辑推理能力，提升了几何思维水平，从而能初步用几何观点来认识现实世界。

1. 用"一步推理"拉开演绎推理的帷幕

进入中学后，学生首次系统地学习几何知识，并学会了用标准的几何语言进行描述、推理与论证。演绎推理开始逐渐走入学生学习的视野，在这个过程中，要循序渐进地培养学生的演绎推理能力，促进学生逻辑推理能力的发展。

比如，在学习线段的中点的时候，可以尝试帮助学生树立演绎推理的意识，通过三种语言的描述——文字语言、图形语言、符号语言对几何图形进行抽象，从"一步推理"开始，训练学生思维的逻辑性，拉开演绎推理的帷幕。

文字语言：点 M 是线段 AB 的中点。

图形语言：$A \bullet \underset{M}{\rule{3cm}{0.4pt}} \bullet B$。

符号语言：

因为，点 M 是线段 AB 的中点，

所以，$AM = BM = \dfrac{1}{2}AB$（或 $AB = 2AM = 2BM$）。

这样的一步推理模式，实际上是首先建构了演绎推理的一个关于前提的模型，即利用语言和一般性的知识对前提加以理解。其次，人们试图得到一个关于所建构模型的简练的描述，这种描述通常提示着某个结论，由前提得出的某种判断。正是这样的模型，使得学生的逻辑思维结构化、程序化、外显化，这为内隐的思维外显化提供了舞台，也为学生理解演绎推理提供了工具。

例6：如图 3-12 所示，将两个相同的三角板的两个直角顶点 O 重合在一起。

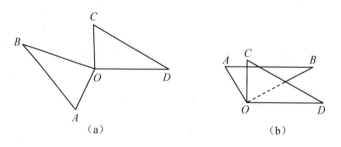

图 3-12

（1）若 $\angle BOC = 70°$，如图 3-12(a)所示，请求出 $\angle AOD$ 的度数；

(2)如图 3-12(b)所示，$\angle AOC$ 和 $\angle BOD$ 是什么关系？

(3)若 $\angle AOD = 115°$，如图 3-12(b)所示，请求出 $\angle BOC$ 的度数。

解：(i)因为，$\angle AOB = \angle COD = 90°$，$\angle BOC = 70°$，

所以，$\angle AOD = 360° - \angle AOB - \angle COD - \angle BOC = 110°$。

(ii)因为，$\angle AOC + \angle COB = \angle BOD + \angle COB = 90°$，

所以，$\angle AOC = \angle BOD$。

(iii)因为，$\angle AOB = \angle COD = 90°$，$\angle AOD = 115°$，

所以，$\angle AOC = \angle AOD - \angle COD = 115° - 90° = 25°$，

所以，$\angle BOC = \angle AOB - \angle AOC = 90° - 25° = 65°$。

此时对学生的演绎推理的能力要求不能太高，并非所有的结论都要经过严格的论证，一些基本结论仅要求学生通过观察、思考、探究等活动归纳得到即可。此时更重要的是让学生认识图形与几何的重要性与趣味性，让学生乐于学习，形成学习的良好态度和情感。所以，此时不应当提高教学要求，增加难度。很多内容只要求学生有一些初步直观的认识即可，并不要求学生达到很高的科学严密的演绎推理的程度。应在注重培养学生学习几何的兴趣，重视学生对几何语言的理解和训练上多下功夫。

2. 注重规范几何语言的表达，为学生演绎推理能力的发展奠定基础

在教学实践中，我们发现，许多学生学习几何知识时感觉较难，因怕几何证明而怕几何，又因怕几何而怕数学，极大地影响了他们的数学学习兴趣和效果，这都是在演绎推理能力方面有所欠缺的表现。演绎推理对于初中学生来说是非常抽象的，甚至是难以理解、枯燥乏味的，并且其中所涉及的思想方法是学生短时间内无法掌握的。因此教师可以通过对几何语言进行规范，逐渐帮助学生夯实演绎推理的基础，帮助学生发展思维的逻辑性。

几何语言是学生理解和表达概念，叙述作图步骤和进行推理论证所必不可少的工具。语言教学要结合图形引导学生准确理解，让学生叙述、分

析概念定理，使学生的几何语言由不规范逐步做到准确规范。正确理解几何语言是促进几何学习的基础，也是培养演绎推理能力的基础。

比如，两条直线的位置关系——相交与平行，不仅要求学生通过观察、思考、探究等活动，归纳出图形的概念和性质，还要求学生进行说理和简单的推理，接触初步的证明过程。此时，学生才开始正式打开演绎推理的大门。但对于演绎推理，由于学生还比较陌生，不知道应根据什么，得出什么，对于演绎推理所用的三段论的形式——由小前提得到结论，以大前提为理由，一下子也很难适应，此时并不要求学生清楚演绎推理的名称、内涵和具体步骤。要循序渐进地引入推理论证的内容，进行初步的说理训练(如下面的例7)，扎扎实实地打好演绎推理的逻辑基础，为学生理解几何推理论证的学习方法、思维方式奠定基础。

例7：完成下面的证明，填上推理的根据。

已知：如图 3-13 所示，$\angle 1 = \angle 2$，$\angle 4 + \angle 5 = 180°$，求证 $\angle 6 = \angle 7$.

证明：

因为，$\angle 1 = \angle 2$（已知），

所以，$\angle 2 = \angle 3$（理由是＿＿＿＿＿＿＿＿＿），

所以，$\angle 1 = \angle 3$，

所以，＿＿＿＿＿＿＿＿（理由是＿＿＿＿＿＿）。

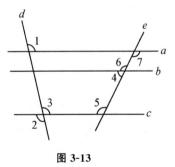

图 3-13

因为，$\angle 4 + \angle 5 = 180°$，

所以，＿＿＿＿＿＿＿＿（理由是＿＿＿＿＿＿）。

所以，$a /\!/ b$（理由是＿＿＿＿＿＿），

所以，$\angle 6 = \angle 7$（理由是＿＿＿＿＿＿）。

如果说在前面的教学中，对演绎推理能力的培养还犹抱琵琶半遮面，从相交线与平行线的教学开始，对演绎推理能力的培养正式走到台

前。但此时学生的严密推理意识刚刚形成，在教学中教师要从少量的因果关系入手，帮助学生一点一点地树立推理的意识，加强推理的有序性和规范性等。此时是培养学生思维的严密性的初始阶段，如要求学生会对"两直线平行，同位角相等"，以及"同位角相等，两直线平行"进行判断，并会加以区分。学生此时逐步进入演绎推理的领域，实际上学生是不太适应的。他们总是会出现混乱，有的甚至仍然停留在小学的直观感知上，看着两条直线像平行的，就说其是平行的，看着两个角像是相等的就说是相等的。此时学生的思维正在由经验性的合情推理向严谨的演绎推理过渡。学生只有通过直观感知发现问题，并能用微观抽象的理由来进行说明时，其推理思维才会得到发展。

3. 强化几何知识的逻辑，帮助学生自己形成研究问题的逻辑

进入八年级，学生推理的思维才真正得到实质性的、深入的训练与提升。学生开始从直观的研究走向抽象微观的考量。此时，学生对几何图形的认识从定性的观察逐渐向定量的分析过渡；研究几何物体时，由宏观逐渐向微观过渡。这时我们能真正感受到学生思维的脉冲逐渐从粗犷转为细密，且越来越缜密。这时学生对知识的学习变为对方法的掌握，学生的演绎推理能力也真正得到了发展。

此时，学生对于什么是条件，什么是结论，条件与结论之间的关系等有了一定的认识，虽然不能说这就是严格的演绎推理，但在学生的头脑中演绎推理的基本模式与框架开始逐步形成。演绎推理能力的培养，并不是一蹴而就的，这是由学生的思维发展水平决定的。因此这个过程一定要放缓节奏，不要过于追求速度，应该扎扎实实地让学生清楚演绎推理的思路与方法。

几何学习中的概念、定理、推论比较多，学生容易混淆几何概念的逻辑关系，不清楚知识点的先后顺序，不清楚演绎推理过程的先后顺序，易出现思维混乱，这也严重干扰和影响了其演绎推理能力的发展。因此帮助学生准确地描述概念、定理，并理解概念、定理的前因后果，对它们所呈现的条件和结论进行甄别，有助于学生在自己解决问题时拥

有清晰的逻辑。

例 8：如图 3-14 所示，点 E，D 是 $\triangle ABC$ 中 BC 边上的两点，$AD = AE$，要证明 $\triangle ABE \cong \triangle ACD$，还应补充什么条件？

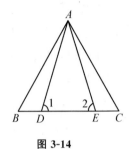

图 3-14

分析：我们发现，由于 $AD = AE$，所以 $\angle 1 = \angle 2$，要证 $\triangle ABE \cong \triangle ACD$，实际上已经具备了两个条件，再需一个合适的条件即可。

解答思路：

(1) $BE = CD$（SAS），

(2) $BD = CE$（此时 $BE = CD$），

(3) $\angle BAE = \angle CAD$（ASA），

(4) $\angle BAD = \angle CAE$（此时 $\angle BAE = \angle CAD$），

(5) $\angle B = \angle C$（AAS），

(6) $AB = AC$（此时 $\angle B = \angle C$）。

在教学中，应尽量让学生结合具体的例子体会演绎推理是由一般到特殊的推理，这也决定了演绎推理的结论不会超出前提所界定的范围，所以其前提和结论之间的联系是必然的。努力帮助学生养成多角度地认识数学、思考问题的习惯，努力挖掘数学知识或者数学问题之间的多种多样的联系，这对逻辑思维能力的提高有着十分重要的意义。同时要注重规范演绎推理的逻辑形式，它对人的思维的严密性、一贯性有着不可替代的校正作用。通过对逻辑思维的培养，使学生熟练掌握演绎推理的方法，帮助学生理解学习图形与几何内容的思路与方法，使学生逐渐形成自己分析问题、解决问题的能力。

4. 理解知识结构间关系，激发演绎推理的逻辑思路

将几何知识联系起来，得到系统的知识结构，才能更好地激发演绎推理的逻辑思路。学生在学习几何推理证明的时候，除了要分析清楚解题的思路与方法，更加重要的是要及时地分析、归纳、对比、反思与总结。因为演绎推理过程就是一个论证过程，必须有理论依据，而演绎推

理论证的依据是已知条件和学生已学过的定义、定理、公理等。这就要求学生在学习过程中要善于归纳与总结，如果不归纳与总结，学生所学的几何知识就会是松散的、零碎的，无法形成知识网络，这就给演绎推理论证带来了一定的困难。只有不断对各知识点之间的联系与不同之处进行分析与研究，推理证明的联想空间才会越来越广泛，思维的灵活性才会不断增强，才能够在解题过程中从多角度进行综合考虑，并迅速找到可以运用的几何模型，真正做到"举一反三"。也就是说只有当学生获得了系统化、结构化的知识时，才能对知识形成深刻的、真正的理解。

例9：如图 3-15 所示，在正方形 $ABCD$ 中，AC 为对角线，E 为 AC 上一点，连接 EB，ED。

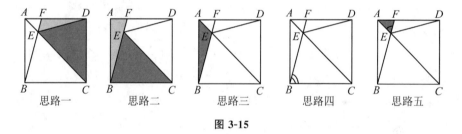

图 3-15

（1）求证 $\triangle BEC \cong \triangle DEC$；

（2）延长 BE 交 AD 于 F，当 $\angle BED = 140°$，求 $\angle EFD$ 的度数。

分析：第一小问比较容易证明。第二小问就需要利用知识结构的关联来寻找思路。要想求出 $\angle EFD$，关键就是要找到与之有关联的三角形，求出各内角的度数，于是有下面几种思路。

思路 1：看 $\triangle EFD$。

要求 $\angle EFD$，只需求出 $\angle FED$ 与 $\angle FDE$ 即可。而 $\angle FED$ 很容易得到为 $40°$，因此关键就是要求 $\angle FDE$。接下来要从关联的知识结构出发，找与其关系密切的角（与之互余）$\angle EDC$，于是找到 $\triangle EDC$，另外两个内角很容易得到 $\angle ECD = 45°$，$\angle CED = 70°$，所以 $\angle EDC = 65°$，$\angle FDE = 25°$，于是 $\angle EFD = 115°$，问题得以解决。

思路 2：看△AFB。

∠EFD 是外角，只需求出∠ABF 即可。接下来与思路一中的方法一样，从知识结构出发，求出相关联的角（与之互余）∠EBC，于是找到△EBC，另外两个内角很容易得到，于是问题可得以解决。

思路 3：看△AFB。

∠EFD 是外角，只需求出∠ABF 即可。但接下来与思路一中的方法不同，看△AEB，∠BEC 是△AEB 的外角，∠ABF = ∠BEC − ∠BAC。∠BAC 易证为 45°，于是只需要求∠EBC 即可，由全等很容易得到∠EBC＝70°，于是问题可得以解决。

思路 4：找到∠EFD 的同旁内角∠EBC，于是问题可得以解决。

思路 5：看△AFE。

∠EFD 是外角，∠CAD 易证为 45°，于是只需要求∠AEF 即可，由对顶角相等可知∠AEF＝∠BEC＝70°，于是问题可得以解决。

以上五种不同的思路都利用了几何知识结构，从与之相关联的三角形、角出发来寻找线索。虽然方法有简单和较复杂的情况，但是任何几何问题都是由若干个简单的知识组成的，如果在学习几何的过程中，逐渐建立联系的观点，架构起知识的结构，就能够在解题过程中从复杂的几何图形中发现并挖掘出常见的一些基本几何模型。这不仅可以使复杂的几何学习变得简单，快速寻找到解决几何问题的思路；还可以大大地提高效率，使自己的自信心得到极大的增强。这样的方法可以快速地提高学生的演绎推理能力，使其演绎推理能力上一个新的台阶。

5. 立足推理证明的过程，推动演绎推理能力的纵深发展

在几何教学过程中，分析和证明过程是非常讲究逻辑性和严密性的。因此，我们要在几何教学的过程中，不断地总结方法。比如，我们通常可以把演绎推理的思考过程分为三个视角，第一个视角是从题目的已知条件入手去想办法探求结论；从所要证明的结论反推，看需要哪些条件，我们称为第二个视角；第三个视角就是将第一个视角与第二个视

角结合起来，这是解决问题的关键，它是连接第一个和第二个视角的纽带。在分析和证明过程中，这几个视角灵活应用，才能将复杂的几何问题逐个分解，化繁为简。这样的思考过程推动了演绎推理的发展，在学生逻辑推理能力的提升等方面也发挥了巨大的作用。

例 10：如图 3-16(a)所示，已知在△ABC 中，AB＝AC，D 为 AB 上一点，E 为 AC 延长线上一点，且 CE＝BD，连接 DE，交 BC 于点 G。

求证：GE＝GD。

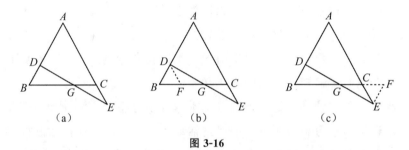

图 3-16

思路 1：如图 3-16(b)所示，要证 GE＝GD，只需要证明 GE，GD 所在的三角形全等，而在图中的结构中找不到全等，除非将 CE 平移至 DF 的位置，那么 G 就是 DE 的中点，于是可作 DF∥CE，只要证明 CE＝FD 即可。由平行得到∠ACB＝∠DFB，由等腰得到∠B＝∠ACB，等量代换得到∠B＝∠DFB，于是 DB＝DF。根据已知 CE＝BD，得到 CE＝FD，从而命题得证。

思路 2：如图 3-16(c)所示，我们在分析结论时还可以将 DB 平移至 EF 的位置，可作 EF∥DB，后面的证明过程同上。

这两个思路虽然所作辅助线的位置不同，但在分析的过程中，都是在已知和结论的碰撞中形成思路的。这种对各种视角的综合应用，在解决复杂的几何问题时，能帮助学生迅速找到解决问题的思路与方法。

在我们的教学实践中，抽象与推理并不是独立存在的，推理的过程，尤其是演绎推理的过程其实也是抽象的存在。对逻辑推理能力的培养不应仅在几何教学中进行，在使用抽象的符号语言进行计算、证明时，同样可以培养逻辑推理能力。

第三节　数学思想方法的渗透是加深学生理解的重要保障

所谓数学思想，是指现实世界的空间形式和数量关系反映到人的意识之中，经过思维活动而产生的结果，它是对数学事实与数学理论的本质认识。数学方法则是解决思想问题、行为问题等的方式和程序，是实施有关思想的技术手段。数学思想作为数学知识的灵魂，从根本上决定着人们对数学学科的理解，数学思想方法的渗透是加深学生理解的重要保障，它能够为数学的学习提供引导，帮助我们透过知识表面看到其本质，帮助我们了解知识之间的本质联系。

数学课程的脉络中处处体现着基本的数学思想和方法，如果能将它们渗透到学生学习和运用数学的思维活动中，在发展学生的数学能力方面会收效显著。数学课程担负着向学生传授基本数学思想方法的责任，中小学是思维发展的关键时期，如何培养学生的思维品质，增强学生分析问题、解决问题的能力呢？我想，数学思想能够揭示数学的核心内容，而数学方法是实现这一目的的手段，因此既要授人以"鱼"，更要授人以"渔"。教学中不仅要教数学知识，更要注意渗透数学思想方法。这将有利于学生抓住问题的本质，运用更好的方法去解决问题，因此在课堂中对数学思想方法的渗透就显得尤为重要。

其实数学思想方法的渗透，它比数学知识的学习更为重要。但是数学思想方法在教材中却是"隐形"的，它常常潜藏在知识的背后。这就要求教师通过钻研把它从教材中挖掘出来，引导学生去感悟并学会用数学思想去理解知识，努力地去揭示它的内在规律。数学的思想方法非常多，包括函数思想、方程思想、数形结合、换元法、抽象、推理、模型……下面要阐述的是其中的一种思想方法，那就是"化归"。

化归是数学的基本思想方法，甚至可以说是数学的核心思想方法，它是数学各种思想方法的基础和灵魂。数学的发展在一定程度上可以看作是化归在起作用。化归使得数学的发展能够自圆其说，这是一种数学的基本思维方式。

所谓化归原则，是指把有待解决或未解决的问题，通过某种转化过程，归结到一类已经解决或者比较容易解决的问题中，最终求得原问题的解答。事实上，化归已经成为众多数学家最独特、最普遍的思维模式，是解决数学问题的最基本的思想方法，这是数学思维的重要特点之一。

教师在数学课堂教学中，激发学生积极主动地将新知识转化为旧知识来理解，启发学生将待解决的问题转化为已解决的问题来研究，这就是在引导学生进行有意义的方法的学习。有意义的数学学习的核心在于，不断地让学生通过自己的元认知去发现、建构新的认知，从而建构自己理解的数学世界。这就要求学生在学习时快速地找到与新知识相关的元认知，形成自己对知识的理解，并将知识纳入自己的认知结构中，形成新的认知结构。可见，学习的过程是以学生已有知识为基础而进行的探究过程，是用旧知识解决新问题的过程。学生只有将新问题转化为熟悉的已经解决的旧问题时，新的问题才有可能用已有知识来解决。这说明建构学生自己对数学的理解，其实也可以认为是学生通过新、旧知识之间反复、双向的相互作用，形成和调整自己的经验结构，通过改变自己原有的知识结构来获取新知识，形成自己对数学的理解的过程。这就与数学中的化归不谋而合。在数学课堂教学中，如果教师用化归的思想来指导教学，指导学生以自身原有的数学知识为基础，主动地构建新知识，就能很好地让学生将新知识与原有知识进行同化，让学生体验与理解新、旧知识背后的联系，从而就能很好地引导学生建立起新知识与旧知识间的联系，让学生能在原有的认知基础上生成新的知识，从而增强自己对知识的理解。

我们数学的知识体系和化归的思想密不可分。比如，学生先认识数字 0～9，然后学习 0～9 的数字运算，以后所有的自然数都可看作是数

位基础上的 $0 \sim 9$，自然数之间的运算全部可以化归成 $0 \sim 9$ 的运算。无论是小数运算，还是分数运算都可以化归成自然数之间的运算；整式的四则运算通过同类项概念可转化为数的四则运算；分式方程可转化为整式方程；等等。在探究平行四边形的面积公式时，可将其化归成之前学习的长方形的面积来研究，四边形的知识往往可转化成三角形的知识来探讨……在数学课程中化归的思想无处不在。因此，在教学中要重视对化归这一思想方法的提炼和归纳，并将它贯穿于教学始终。实践证明，只有不懈地运用数学思想去帮助学生理解数学，才会让他们在解决实际问题时具有远见性和洞察力，从感性认识上升到理性认识，最终达到灵活运用知识解决问题的目的。

下面以数学中的化归为例，谈谈我的一点实践。

一、式与式的化归

例 11：讨论 $y = \sin^2 x - a \sin x - 1$ 的值域。

分析：此问题是综合了正弦函数和二次函数两种函数的值域问题，如果直接求解，比较麻烦，但不难发现，可以通过换元使之化归成一个纯粹的一元二次不等式。

解答思路：令 $\sin x = t$，$t \in [-1, 1]$，原式就会化归成 $y = t^2 - at - 1, t \in [-1, 1]$，这样问题就化归成了一个讨论二次函数值域的问题。

$$y = t^2 - at - 1, \ t \in [-1, 1]$$

$$y = \left(t - \frac{a}{2}\right)^2 - \frac{a^2 + 4}{4}, \ t \in [-1, 1],$$

当 $a \leq -2$ 时，$y \in [a, -a]$；当 $-2 < a \leq 0$ 时，$y \in \left[-\frac{a^2 + 4}{4}, -a\right]$；当 $0 \leq a < 2$ 时，$y \in \left[-\frac{a^2 + 4}{4}, a\right]$；当 $a \geq 2$ 时，$y \in [-a, a]$。

在此过程中我们发现，一个较复杂的综合题目通过换元、分类讨论等手段可以变得简洁明朗、易解。从以上化归的应用来看，通过化归中的转化意识，可以加强学生思维的逻辑性，使得学生在解决问题时思路清楚、层次分明，同时也可以使学生加深对二次函数的理解。

二、形与形的化归

在立体几何教学中，可以将空间几何图形化归成平面几何图形来进行分析与研究，如研究异面直线所成角、线面角、二面角时，都是将空间角转化为平面角，借助三角形的有关知识或者向量来进行研究的。又如在平面直角坐标系中，若椭圆的中心不在原点，可以借助坐标平移将图形的中心移至原点来解决相关问题。还有研究形如 $y = A\sin(\omega x + \varphi) + b$ 的函数的图象时，可以借助 $y = \sin x$ 的图象来展开研究。

例 12：做出函数 $y = |x+3|$ 的图象。

对于这个函数，可以通过列表、描点，借助计算机等方法画出函数的图象。但我们发现，将此函数与学生熟知的一次函数 $y = x+3$ 联系起来，对学生而言，他们可以更清晰地理解函数的图象及性质。教师如果问学生："是什么造成了困难?"学生会毫不犹豫地回答："是绝对值。要是能去掉绝对值，就能化归成我们熟悉的一次函数 $y = x+3$ 了。"学生发现可以先画出一次函数 $y = x+3$ 的图象，或者列出函数的表格（表3-1），将其与 $y = |x+3|$ 进行比对，这样不仅能从数的角度认识到函数 $y = |x+3|$ 的非负性，同时能够清楚地了解二者之间的关系。将化归的思想层层渗透，既保护了学生的积极性，又符合学生的认知规律。学生通过动手实验，从直观、想象到发现、猜想，亲历了数学知识的建构过程，体验了数学发现的喜悦，也再次强化了化归意识，落实了数形结合的方法。还可以继续创设新的问题情境："能指出此函数的奇偶性和单调区间吗?"也可以继续趁热打铁，"猜测并验证 $y = |x| + 3$ 的图象与 $y = x+3$ 的图象的关系"，让学生的智慧不断得到发展，也为将来新知识的学习埋下良好的伏笔。这样既复习了旧知识，又巩固了新内容。（图 3-17）

解：列表格。

表 3-1

x	-6	-5	-4	-3	-2	-1	0	1	2	$\cdots$
$y=x+3$	-3	-2	-1	0	1	2	3	4	5	$\cdots$
$y=|x+3|$	3	2	1	0	1	2	3	4	5	$\cdots$
$y=|x|+3$	9	8	7	6	5	4	3	4	5	$\cdots$

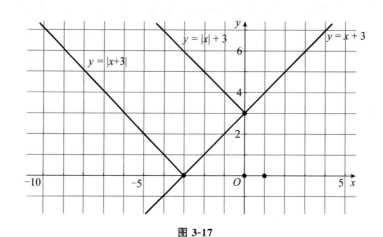

图 3-17

三、数与形的化归

在教学中经常会有将代数问题转化为几何问题，将几何问题转化为代数问题的化归做法，只要新的方法比较明了简洁，或直观熟悉就可以实施。

例 13：已知二次不等式 $ax^2+(a-1)x+a-1>0$ 对所有的实数 x 都成立，求 a 的取值范围。

分析：这是一个典型的由数到形、由形到数的例子。如果直接将一元二次不等式解出来，实际上是很困难的，但只要懂得一元二次不等式的几何意义，问题就会非常简单了。画出符合条件的图形代表（如图 3-18 所示），再把图形

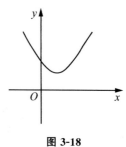

图 3-18

所隐含的信息转化为不等式组来分析就可以了。

解：$\begin{cases} a>0, \\ \Delta<0 \end{cases} \Rightarrow \begin{cases} a>0, \\ (a-1)^2-4a(a-1)<0, \end{cases}$

所以，a 的取值范围是 $\{a \mid a>1\}$。

重视学生数学学习的过程，使学生亲历知识的自主建构过程，帮助学生学会从具体情境中提取适当的信息，进行合理的数学猜想与数学验证，并做更高层次的数学概括与抽象，从而学会数学地思考。这种数学思想方法的渗透，学习机会的创设，将使学生有机会进一步看到数学的全貌，理解数学学习的全过程。

例 14：已知函数 $f(x)=ax^3+bx^2+cx+d$ 的图象如图 3-19 所示，则（　　）。

A. $b\in(-\infty,\,0)$

B. $b\in(0,\,1)$

C. $b\in(1,\,2)$

D. $b\in(2,\,+\infty)$

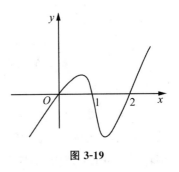

图 3-19

这个问题可在函数的零点与函数的图象之间进行化归，由数得形，由形得数，这样既加深了学生对函数的零点的理解，又通过函数的零点解决了问题。从图 3-19 中我们可以得到

$\begin{cases} f(0)=0, \\ f(1)=0, \Rightarrow \\ f(2)=0 \end{cases} \begin{cases} d=0, \\ a+b+c+d=0, \Rightarrow 3a+b=0,\text{ 即 } b=-3a, \\ 8a+4b+2c+d=0 \end{cases}$

因为，$x>2,\ f(x)>0 \Rightarrow a>0$，

所以，$b<0$。

因此答案选择 A。

这是对数形结合的应用，看似很简单，但从直观的图形分析到抽象的数字特征，可以使学生的思维发生一次质的飞跃，这对思维的广阔性与深刻性是一个极大的刺激。借助这样的教学，教会学生学会深入的思

考问题，透过纷繁复杂的表面现象发现最本质、最核心的问题，分清问题的实质，学会系统地、深入地揭示事物的本质和内在规律性的联系。数形结合方法的使用，仍是化归思想的一种体现。

四、一般与特殊的化归

命题是对一般情况而言的，应在一般情况下进行证明或解答，但在解决问题时，可以先把问题化归为这个问题的一个特殊情况去思考，探索解题思路。因为特殊孕育于一般之中，特殊情况解决后，我们可以从解决特殊情况所用的方法中得到启发，从而可以得到一般情况下的证明思路。这就是由一般到特殊再到一般的思想方法。

例 15：已知函数 $f(x)$ 是奇函数，在 $x \in (0, +\infty)$ 上是减函数，试问函数在 $(-\infty, 0)$ 上是增函数还是减函数？并说明理由。

显然这是一个一般性的问题，我们在处理过程中可以根据题意，确立一个特殊的模型来验证，如图 3-20 所示。比如，可以以正比例函数或者反比例函数为模型判断出结果，进而用将未知化归为已知的意识来进行证明。

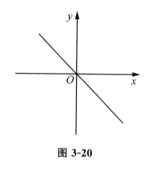

图 3-20

分析：要判断函数在 $(-\infty, 0)$ 上的单调性，但我们只知道函数在 $(0, +\infty)$ 上是减函数，若将范围化归为 $(0, +\infty)$ 就好了。

略解：对任意 $x_1 < x_2 < 0$，$-x_1 > -x_2 > 0$，

因为函数在 $x \in (0, +\infty)$ 上是减函数，所以 $f(-x_1) < f(-x_2)$。

又因为函数 $f(x)$ 是奇函数，进而可知问题的答案。

这既体现了一般与特殊的化归，又可以视为数与形的化归，还可以视为未知与已知的化归。鼓励学生先猜想，进而用图形验证，最后用代数证明，再次让学生亲身感受化归这一思想方法，不断地巩固化归的手段，渗透化归的意识。

在实际教学中，我们发现如果学生没有足够的亲身体验，只是简单地记住结论的话，往往很难在形式化的解析式与具体的图象变换之间建

立联系，这说明数学知识内容的教学不能采取简单的"告诉"的方式，而应让学生自主发现问题、发现规律，让他们知其然，更要知其所以然。这可以解决学生在初次学习时的困惑，使学生对知识理解得更加深刻，学生对思想方法的深刻体会也必将在今后的学习中绽放光彩。

五、实际问题向数学问题化归

其实数学学习的重点是应用，将实际应用问题化归成数学问题是很常见的。这在数学中常常以数学建模的形式出现。

比如，最优化问题——可以建立目标函数，用求函数的最值等方法解决；

相等和不相等问题——可以建立方程不等式，用方程不等式的知识来解决；

细胞分裂、存贷款问题——可建立数列模型；

曲线问题——可以建立坐标系，用解析几何的知识来解决；

……

例16：某宾馆有客房300间，每间日房租为200元，每天都客满。公司欲提高档次，并提高租金。如果每间客房每日增加20元，客房出租数就会减少10间，若不考虑其他因素，宾馆将房间租金提高到多少时，每天客房的租金总收入最高？

分析：由题设可知，每天客房总的租金可以表示为增加的20元的函数。设每间日房租增加了 x 个20元，则依题意可得出总的租金(用 y 表示)的表达式。由于客房间数一定，为了帮助同学理解这个问题，我们先用列表法求解(表3-2)，然后再用函数的解析表达式求解。

解：方法1，依题意可列表如下。

表 3-2

x	y/元
0	$300 \times 200 = 60\,000$
1	$(300 - 10 \times 1)(200 + 20 \times 1) = 63\,800$

续表

x	y/元
2	$(300-10\times2)(200+20\times2)=67\ 200$
3	$(300-10\times3)(200+20\times3)=70\ 200$
4	$(300-10\times4)(200+20\times4)=72\ 800$
5	$(300-10\times5)(200+20\times5)=75\ 000$
6	$(300-10\times6)(200+20\times6)=76\ 800$
7	$(300-10\times7)(200+20\times7)=78\ 200$
8	$(300-10\times8)(200+20\times8)=79\ 200$
9	$(300-10\times9)(200+20\times9)=79\ 800$
10	$(300-10\times10)(200+20\times10)=80\ 000$
11	$(300-10\times11)(200+20\times11)=79\ 800$
12	$(300-10\times12)(200+20\times12)=79\ 200$
13	$(300-10\times13)(200+20\times13)=78\ 200$
…	…

由上表容易得到，当 $x=10$，即每天租金为 400 元时，能出租客房 200 间，此时每天总的租金最高，为 80 000 元。再提高租金，总收入就要小于 80 000 元了。

方法 2，设每间客房日租金增加了 x 个 20 元，则将有 $10x$ 间客房空出，客房租金的总收入为

$$y =(200+20x)(300-10x)$$
$$=-200x^2+6\ 000x-2000x+60\ 000$$
$$=-200(x^2-20x+100-100)+60\ 000$$
$$=-200(x-10)^2+80\ 000$$

由此得到，当 $x=10$ 时，$y_{max}=80\ 000$。

因此每间客房日租金为 $200+10\times20=400$（元）时，每天客房租金的总收入最高，为 80 000 元。

数学教育的主要目的是培养学生的思维能力，要求学生要掌握数学

思维，进行思维训练的目的是形成智慧，而不是储存记忆。在数学教学中，我们强调要让学生建构认知结构和发展思维能力，学生通过死记硬背学得的知识并不等于智慧。思维的发展是一个积极建构的过程，学生在数学学习中要通过建构自己的认知结构来实现对知识的理解。

化归在数学中的应用十分广泛，下面我们一起来看一看在具体的知识模块中有关它的应用的教学案例。

六、数列中的化归原则

等差数列和等比数列是两种重要的数学模型，有着广泛的应用。对于一些既不是等差数列又不是等比数列的特殊数列的问题，经常要将其转化成等差数列或等比数列，来寻找解决问题的思路，这种思想其实就是典型的化归思想。

(一)通项公式中的化归原则

例 17：在数列 $\{a_n\}$ 中，已知 $a_1=1$，$a_n=a_{n-1}+2n+3(n\geqslant 2)$，求 a_n。

分析：此数列既不是等差数列，也不是等比数列，可以使用叠加法将此数列化归成等差数列。

解：因为，$a_n=a_{n-1}+2n+3(n\geqslant 2)$，　　　　（非等差、等比数列）

所以，$a_n-a_{n-1}=2n+3(n\geqslant 2)$，

$a_2-a_1=2\times 2+3$，

$a_3-a_2=2\times 3+3$，

$a_4-a_3=2\times 4+3$，

…

$a_n-a_{n-1}=2n+3$。

（等差数列）

以上 $(n-1)$ 个式子相加得

$$a_n-a_1=2(2+3+\cdots+n)+3(n-1)\quad(n\geqslant 2)，$$

所以，$a_n=a_1+2\times\dfrac{(n-1)(2+n)}{2}+3(n-1)\quad(n\geqslant 2)$，

129

所以，$a_n = n^2 + 4n - 4$（$n \geq 2$），

又因为，$n = 1$ 时，$a_1 = 1^2 + 4 - 4 = 1$，

所以，$a_n = n^2 + 4n - 4$。

例 18：在数列 $\{a_n\}$ 中，已知 $a_1 = 1$，$a_n = 3a_{n-1} + 2(n \geq 2)$，求通项公式 a_n。

分析 1：可以考虑引进适当的参数 c，将常数项 2"分配"给 a_n，a_{n-1} 构成满足等比关系的辅助数列 $\{b_n\}$，借助等比数列解决此问题。

解法 1：由 $a_n = 3a_{n-1} + 2(n \geq 2)$，

设 $a_n + c = 3(a_{n-1} + c)$，

即 $a_n = 3a_{n-1} + 3c - c = 3a_{n-1} + 2c = 3a_{n-1} + 2$，

所以，$c = 1$，令 $b_n = a_n + 1$，则 $b_n = 3b_{n-1}(n \geq 2)$，

显然 $b_n \neq 0$，所以，$\{b_n\}$ 为首项 $b_1 = a_1 + 1 = 2$，公比为 3 的等比数列。

所以，$a_n + 1 = b_n = 2 \cdot 3^{n-1}$，所以，$a_n = 2 \cdot 3^{n-1} - 1$。

分析 2：可以使用叠加法消去 a_{n-1}，a_{n-2}，…，a_2 等项，找到 a_1，n，a_n 的关系式，即 a_n 的通项公式，通过叠加使其变为等比数列求和的问题来求得结果。

解法 2：

$a_n = 3a_{n-1} + 2$，

$3a_{n-1} = 3^2 a_{n-2} + 2 \cdot 3$，

…

$3^k a_{n-k} = 3^{k+1} a_{n-k-1} + 2 \cdot 3^k$，

…

$3^{n-2} a_2 = 3^{n-1} a_1 + 2 \cdot 3^{n-2}$，

各式叠加可得 $a_n = 3^{n-1} a_1 + 2 \cdot 3^{n-2} + 2 \cdot 3^{n-3} + \cdots + 2 \cdot 3 + 2 = 3^{n-1} + 3^{n-1} - 1 = 2 \cdot 3^{n-1} - 1(n \geq 2)$，

又因 $a_1 = 2 \cdot 3^{1-1} - 1 = 1$，所以 $a_n = 2 \cdot 3^{n-1} - 1$。

分析 3：可以用数学归纳法解决问题，猜想仍然可化归成等比数列

求和的形式。

解法 3：据递推关系可知

$a_1 = 1$，

$a_2 = 3 \times 1 + 2$，

$a_3 = 3a_2 + 2 = 3 \times (3 + 2) + 2 = 3^2 + 3 \times 2 + 2$，

$a_4 = 3a_3 + 2 = 3(3^2 + 3 \times 2 + 2) + 2 = 3^3 + 3^2 \times 2 + 3 \times 2 + 2$，

据上可猜想 $a_n = 3^{n-1} + 2(1 + 3 + \cdots + 3^{n-2}) = 3^{n-1} + 2 \cdot \dfrac{3^{n-1} - 1}{3 - 1}$，

再用数学归纳法进行证明，证明过程略。

(二)数列求和中的化归原则

例 19：求 $S_n = \dfrac{1}{2} + \dfrac{3}{4} + \dfrac{5}{8} + \cdots + \dfrac{2n-1}{2^n}$。

分析：此数列可以看成 $\{a_n b_n\}$，其中 $\{a_n\}$ 为等差数列（$a_n = 2n - 1$），$\{b_n\}$ 为等比数列 $\left(b_n = \dfrac{1}{2^n}\right)$，数列 $\{a_n b_n\}$ 的各项是由等差数列与等比数列对应项的乘积组成的，可用错位相减法转化成等比数列求和问题来解决。

解：$S_n = \dfrac{1}{2} + \dfrac{3}{4} + \dfrac{5}{8} + \cdots + \dfrac{2n-1}{2^n}$，

$\dfrac{1}{2} S_n = \dfrac{1}{4} + \dfrac{3}{8} + \cdots + \dfrac{2n-3}{2^n} + \dfrac{2n-1}{2^{n+1}}$，将两式相减，得

$\left(1 - \dfrac{1}{2}\right) S_n = \dfrac{1}{2} + \dfrac{2}{4} + \dfrac{2}{8} + \cdots + \dfrac{2}{2^n} - \dfrac{2n-1}{2^{n+1}}$，即

$\dfrac{1}{2} S_n = 2\left(\dfrac{1}{2} + \dfrac{1}{4} + \dfrac{1}{8} + \cdots + \dfrac{1}{2^n}\right) - \dfrac{2n-1}{2^{n+1}} - \dfrac{1}{2} = 2 \cdot \dfrac{\dfrac{1}{2}\left(1 - \dfrac{1}{2^n}\right)}{1 - \dfrac{1}{2}} - \dfrac{2n-1}{2^{n+1}} - \dfrac{1}{2}$，

$S_n = 3 - \dfrac{2n+3}{2^n}$。

例 20：求 $3+6+11+\cdots+(n+2^n)(n\in\mathbf{N}^*)$ 的和。

分析：此数列可以看成 $\{a_n+b_n\}$，$\{a_n\}$ 为等差数列 $(a_n=n)$，$\{b_n\}$ 为等比数列 $(b_n=2^n)$，它的各项是由等差数列与等比数列对应项之和组成的，可以通过拆分法将原数列拆分成一个等差与一个等比数列，分别求和。

解：$3+6+11+\cdots+(n+2^n)(n\in\mathbf{N}^*)$

$=(1+2)+(2+4)+(3+8)+\cdots+(n+2^n)$

$=(1+2+3+\cdots+n)+(2+2^2+2^3+\cdots+2^n)$

$=\dfrac{n(1+n)}{2}+\dfrac{2(1-2^n)}{1-2}=\dfrac{n(n+1)}{2}+2^{n+1}-2。$

(三)构造新数列时的化归原则

例 21：定义"等和数列"：在一个数列中，如果每一项与它的后一项的和都为同一个常数，那么这个数列叫作等和数列，这个常数叫作该数列的公和。已知数列 $\{a_n\}$ 是等和数列，且 $a_1=2$，公和为 5，那么 a_{18} 的值为＿＿＿＿，这个数列的前 n 项和 S_n 的计算公式为＿＿＿＿。

解：2，3，2，3，2，3，⋯　特征是：奇数项为 2，偶数项为 3。所以 $a_{18}=3$。

因为，$a_{n+1}+a_n=5(n\geqslant1,\ n\in\mathbf{N})$，　　　　　　　　　①

所以，$a_{n+2}+a_{n+1}=5(n\geqslant0,\ n\in\mathbf{N})$，　　　　　　　　②

由②－①得 $a_{n+2}-a_n=0(n\geqslant1,\ n\in\mathbf{N})$。

所以，a_1，a_3，a_5，⋯为常数列，a_2，a_4，a_6，⋯也为常数列，

所以，$a_n=\begin{cases}2,\ n\text{ 为奇数，}\\3,\ n\text{ 为偶数。}\end{cases}$

通过以上分析，学生可以看到："等和数列"的本质特征就是奇数项、偶数项分别为常数列。

当 n 为奇数时，

$S_n=a_1+a_2+a_3+\cdots+a_{n-1}+a_n$

$=a_1+(a_2+a_3)+(a_4+a_5)+\cdots+(a_{n-1}+a_n)$

$$=a_1+\frac{n-1}{2}\cdot 5=\frac{5n-1}{2},$$

当 n 为偶数时，

$$S_n=(a_1+a_2)+(a_3+a_4)+\cdots+(a_{n-1}+a_n)=\frac{5n}{2},$$

所以，$S_n=\begin{cases}\dfrac{5n-1}{2}, & n\text{ 为奇数,}\\[2mm]\dfrac{5n}{2}, & n\text{ 为偶数。}\end{cases}$

拓展：设数列 $\{a_n\}$，$a_{n+1}+a_n=n+3^n$，$a_1=1$，求 a_n 及其前 n 项和 S_n。

解：(1)因为，$a_{n+1}+a_n=n+3^n(n\geqslant 1,\ n\in\mathbf{N})$， ①

所以，$a_{n+2}+a_{n+1}=n+1+3^{n+1}(n\geqslant 0,\ n\in\mathbf{N})$， ②

由②－①得

$a_{n+2}-a_n=1+2\cdot 3^n(n\geqslant 1,\ n\in\mathbf{N})$。

(i)当 n 为奇数时，

$$a_n=a_1+(a_3-a_1)+(a_5-a_3)+\cdots+(a_{n-2}-a_{n-4})+(a_n-a_{n-2})$$

$$=1+(2\cdot 3^1+1)+(2\cdot 3^3+1)+\cdots+(2\cdot 3^{n-4}+1)+(2\cdot 3^{n-2}+1)$$

$$=\frac{n+1}{2}+2(3^1+3^3+3^5+\cdots+3^{n-2})$$

$$=\frac{1}{4}(3^n+2n-1)。$$

(ii)当 n 为偶数时，

因为，$a_{n+1}+a_n=n+3^n$，

所以，$a_n=n+3^n-a_{n+1}$

$$=n+3^n-\frac{1}{4}[3^{n+1}+2(n+1)-1]$$

$$=\frac{1}{4}(3^n+2n-1)。$$

133

由(i)(ii)可知，$n \in \mathbf{N}^*$，

所以，$a_n = \dfrac{1}{4}(3^n + 2n - 1)$。

(2)求和：

$S_n = a_1 + a_2 + a_3 + \cdots + a_{n-1} + a_n$

$\quad = \dfrac{1}{4}\big[(3^1 + 2 \times 1 - 1) + (3^2 + 2 \times 2 - 1) + (3^3 + 2 \times 3 - 1) + \cdots +$

$\quad\quad (3^n + 2n - 1)\big]$

$\quad = \dfrac{1}{4}\big[(3^1 + 3^2 + \cdots + 3^n) + 2(1 + 2 + 3 + \cdots + n) - n\big]$

$\quad = \dfrac{1}{8}(3^{n+1} + 2n^2 - 3)$。

(四)数列综合题中的化归原则

例22：已知函数 $f_n(x)(n \in \mathbf{N}^*)$ 具有下列性质：

$$\begin{cases} f_n(0) = \dfrac{1}{2}, \\[2mm] n\left[f_n\left(\dfrac{k+1}{n}\right) - f_n\left(\dfrac{k}{n}\right)\right] = \left[f_n\left(\dfrac{k}{n}\right) - 1\right]f_n\left(\dfrac{k+1}{n}\right)(k = 0,\ 1,\ \cdots,\ n-1); \end{cases}$$

(I)当 n 一定，记 $a_k = \dfrac{1}{f_n\left(\dfrac{k}{n}\right)}$，求 a_k 的表达式($k = 0,\ 1,\ \cdots,\ n$)；

(II)对 $n \in \mathbf{N}^*$，证明 $\dfrac{1}{4} < f_n(1) \leqslant \dfrac{1}{3}$。

解：(I)因为，$n\left[f_n\left(\dfrac{k+1}{n}\right) - f_n\left(\dfrac{k}{n}\right)\right] = \left[f_n\left(\dfrac{k}{n}\right) - 1\right]f_n\left(\dfrac{k+1}{n}\right)$

$(k = 0,\ 1,\ \cdots,\ n-1)$，

所以，$(n+1)f_n\left(\dfrac{k+1}{n}\right) - nf_n\left(\dfrac{k}{n}\right) = f_n\left(\dfrac{k}{n}\right)f_n\left(\dfrac{k+1}{n}\right)$，

即 $\dfrac{n+1}{f_n\left(\dfrac{k}{n}\right)} - \dfrac{n}{f_n\left(\dfrac{k+1}{n}\right)} = 1$，又因为，$a_k = \dfrac{1}{f_n\left(\dfrac{k}{n}\right)}$，

所以，$(n+1)a_k - na_{k+1} = 1$，

所以，$n(a_{k+1} - 1) = (n+1)(a_k - 1)$，即 $\dfrac{a_{k+1} - 1}{a_k - 1} = 1 + \dfrac{1}{n}$，由于 n 为定值，

则数列 $\{a_k - 1\}$ 是以 $a_0 - 1$ 为首项，$1 + \dfrac{1}{n}$ 为公比的等比数列，

所以，$a_k - 1 = (a_0 - 1)\left(1 + \dfrac{1}{n}\right)^k$，

由于 $a_0 = \dfrac{1}{f_n(0)} = 2$，所以，$a_k = 1 + \left(1 + \dfrac{1}{n}\right)^k (k = 0, 1, \cdots, n)$；

(II)因为，$a_k = \dfrac{1}{f_n\left(\dfrac{k}{n}\right)}$，所以，$f_n(1) = \dfrac{1}{a_n} = \dfrac{1}{1 + \left(1 + \dfrac{1}{n}\right)^n}$，

欲证 $\dfrac{1}{4} < f_n(1) \leqslant \dfrac{1}{3}$，

只需证明 $3 \leqslant 1 + \left(1 + \dfrac{1}{n}\right)^n < 4$，

只需证明 $2 \leqslant \left(1 + \dfrac{1}{n}\right)^n < 3$，

因为，$\left(1 + \dfrac{1}{n}\right)^n = 1 + C_n^1 \dfrac{1}{n} + C_n^2 \dfrac{1}{n^2} + \cdots + C_n^n \dfrac{1}{n^n}$

$$= 1 + 1 + \cdots \geqslant 2，$$

$$\left(1 + \dfrac{1}{n}\right)^n = 1 + C_n^1 \dfrac{1}{n} + C_n^2 \dfrac{1}{n^2} + \cdots + C_n^n \dfrac{1}{n^n}$$

$$= 1 + 1 + \dfrac{n(n-1)}{2n^2} + \cdots + \dfrac{n(n-1) \cdot \cdots \cdot 2 \cdot 1}{n! \; n^n}$$

$$\leqslant 1 + 1 + \dfrac{1}{2!} + \cdots + \dfrac{1}{n!} < 1 + 1 + \dfrac{1}{2} + \dfrac{1}{2^2} + \cdots + \dfrac{1}{2^n}$$

$$= 2 + \dfrac{\dfrac{1}{2}\left[1 - \left(\dfrac{1}{2}\right)^n\right]}{1 - \dfrac{1}{2}} = 3 - \left(\dfrac{1}{2}\right)^n < 3。$$

我们可以看到，将数列合理地变形转化为已知的特殊数列（如常数列、等差数列、等比数列等），运用恰当的方法就可以求出其通项及前 n 项和。总之，我们可以将问题转化为我们熟悉的等差数列和等比数列去解决。

化归是一种重要的数学思想方法，它为数学的进一步发展提供了广阔的空间。我们在教学时要尽可能地培养学生的化归意识，开阔学生视野，锻炼学生的能力，激发学生的创新思维。

第四章

基于"理解"的
数学教学策略

教学有法，教无定法，教与学是一场师生的共舞。学习的过程并非是教师将知识传递给学生的单纯过程，它也是学生通过改变自己的认知结构，自主地去构建自己对知识的理解的过程。在学习的过程中找到自信，享受成功的喜悦与快乐，并将内心的体验化成自己的理解，将形成的信念作为自己行动的指南，并将其在劳动、生活中进行检验，这是教学带来的真正价值。因此教师要精心地设计，周密地考虑，尽力将学生对所教授知识的理解，作为自己教学的关键依据，并用此来挑选自己的教学方法和实施策略。

第一节　呵护学生学习的自信心，点燃理解的智光

郭沫若在《女神》的序诗中写道："你去，去在我可爱的青年的兄弟姊妹胸中，把他们的心弦拨动，把他们的智光点燃吧！"呵护学生学习的自信心与积极性是每一个教师，每一堂课的首要任务。这是我多年来在农村教学的切实感悟。在学校，确实会有一部分学习基础较弱、学习习惯不好、学习主动性差的学生。虽然学生学习不理想的原因很多，但学生基础差、习惯不好更深层的原因是什么？经过问卷调查、访谈、课堂观察等多种方式调研后我们发现，其中一个重要的原因是学生在学习上经常遭受打击，自信心严重不足，他们在学业上很少有成功的体会，久而久之，形成了恶性循环。

关注学困生是学校生存发展的需要，更是关爱生命本质的需要。如何认识学困生，怎样转化学困生不仅是学科教学的问题，更是关乎学生终身发展的问题。它影响着教学质量的提高，是学校教育教学管理工作的重点之一，更是学校、教师和家长心中的一大难题。

苏霍姆林斯基指出，成功的快乐是一种巨大的情绪力量，它可以促进儿童好好学习的愿望，请你注意无论如何不要使这种内在的力量消

失，缺少这种力量，教育上的任何巧妙措施都是无济于事的。[①]

我认为，在教学中要尊重学生的实际情况，因材施教，不要强求学生"齐头并进"，应该正视现实，允许他们"差异发展"。我相信每个学生都有成功的愿望，都有成功的潜能，都能取得多方面的成功。教师要始终把学生的"学"放在教学的核心位置上，通过设计课堂参与环节来激发学生的主体意识和求知欲望，有效地将提高课堂效率和培养学生的创新精神、实践能力结合起来，帮助学生获得成功。

让学生感到成功的喜悦，这不仅可以促进学生对学习产生兴趣，而且可以帮助学生从"乐学"，逐步达到"会学"，从而达到"学好"的目的。"低起点，小步子，多活动，快反馈"（以下简称"低、小、多、快"）的教学策略，揭示了教学过程的复杂性和学生发展的螺旋形上升的规律性。以启发、诱导，触发学生积极参与学习活动为目标，帮助学生取得活动的成功，获取成功的情绪体验。

一、"低起点"，从学生最近发展区出发

"低"从教学层面来讲是指"低起点"，就是摸清学生在相关知识、基础能力和心理准备方面的实际情况，把起点放在学生努力一下就可以达到的水平上。采取引入"低"，问题设置起始难度"低"，或者通过利用现实生活中学生能最直观接触到的现象来引入知识等策略，吸引学生的注意力，让学生对课堂产生兴趣，从而激发学生学习的欲望，使学生产生对自己有信心的心理意识，达到"退一步是为了进两步"的目的，第一时间呵护学生的学习自信心。

"低"从教师与管理层面来讲是指"低下身"，就是教师在教育教学活动中，应该俯下身去，做学生的忠实听众，让学生在倾诉中感到被尊重和理解。多与学生平等交流，拉近与学生的距离。"低下身"来，不仅仅

---

① ［苏联］苏霍姆林斯基：《给教师的建议（全一册）》，杜殿坤编译，39页，北京，教育科学出版社，1984。

是一个肢体动作，更是一个全新的视角。低下身来看学生，可以看到"高高在上"时所看不到的很多问题。教师以行导行、平等交流必定胜过无数次的说教，使教育更具针对性，有的放矢，营造更加和谐的师生关系。

二、"小步子"，搭设合理的知识和思维的台阶

"小"从教学层面来讲是指"小步子"，就是根据学生情况，确定能够达到的实际目标，把教学内容按由易到难、由简到繁的原则分解出合理的层次，然后分层渐进，把产生挫折事件的频率减至最低，即为学生的思维搭建合理的台阶，将教学的步子变小。这样的做法可使学生层层有进展，处处有成功，处于积极学习的状态；感到自己有能力进行学习，从而不断增强学习的自信心和动机。

在教学问题或者教学活动的设置上层层递进，是小步子的真实写照。从最简单的问题着手，知识、活动、思维的台阶搭设合理，学生会一直处于成功的亢奋中，这必将提高课堂效率，教学的速度与进度会得到进一步提高，实现"积跬步而至千里"的目的。

"小"从教师与管理层面来讲，与"笑"同音，就是在教育教学中教师要适度地保持微笑。微笑具有感染力、穿透力，具有调节师生关系的作用，是和谐的师生关系的金钥匙。微笑不单单是一种表情，更是一种感情；微笑是对学生最好的肯定与鼓励，在顺境中，微笑是对成功的嘉奖，在逆境中，微笑是对创伤的理疗。

三、"多活动"，设计交流、实验等学习活动

"多"从教学层面来讲是指"多活动"。针对学困生注意力时间短、记忆容量小、概括能力差的特点，教师应改变大段讲解的倾向，使师生活动交替进行，这样不仅可以调节学生的注意力，更重要的是学生大量参与学习活动，自我表现的机会多了，能力的发展也会通过逐步积累而得到实现。这种良性的循环，又能大大促进学生理解能力的发展。另外，我认为"多"还应包括"多思考，多动脑，多交流，多表达"等。教师在授课时应将发展学生的学科素养，培养学生的思维能力作为核心展开教

学，这样才能促进学生的可持续发展。

"多"从教师与管理层面来讲是指"多沟通、多思考、多学习"。教师要与学生多进行沟通与交流，教师要对自己的教育教学做经常性的反思，通过多学习理论知识与实践经验解决相关的教学困惑，这样才能收获满意的教育教学效果。师生之间贵在心灵的沟通。教师必须懂得和善于换位思考。教师是教育教学的落实者，教师的教学水平与教学艺术关系到学生知识的建构和个体素养的形成。倘若教师不注重自身素养的调整与提升，那么立德树人的理念以及核心素养的提升就不可能在教学中得以透彻的体现。

四、"快反馈"，及时反馈学生的收获，把进步变成有形的事实

"快"从教学层面来讲是指"快反馈"，就是在每个层次的教学过程中，既有教师的"讲"，也有学生的"练"，还有教师的"查"。这种快速的反馈，可以把学生取得的进步变成有形的事实，使之受到鼓励，乐于接受下一个任务；可以及时发现学生存在的问题，及时矫正或者调节教学进度，从而有效地提高课堂教学的效益，避免课后大面积补课。

"快"从教师与管理层面来讲也指"快乐"，快乐的教师能以快乐感染学生。一个情绪不稳定的教师容易扰动其学生的情绪，而一个情绪稳定的教师也会使其学生的情绪趋于稳定。教师的乐观、愉悦时时感染和影响着学生，快乐的教师能够快乐地教学，能让学生在愉快中获得知识。愉快、欢乐、适度平稳的情绪能使中枢神经活动处于最佳状态，充分发挥机体的潜能。快乐的教师能够拉近师生间的距离，能把教育的要求转化为学生的自觉行动。在快乐的教师的影响下，学生是乐观的，是愿意接受教育的。此时所形成的相互接纳、彼此促进的融洽和谐的人际关系，容易拉近师生之间的心理距离，给学生以安全感，学生遇到问题、有想法时就敢于与教师交流，便于教师了解和把握学生的现状，有针对性地提出要求和目标。

下面我们以具体的教学案例来说明"低、小、多、快"教学策略的实施方法。

我们先来看看椭圆的两个教学设计。

【设计1】

环节1：引入部分。

师：前面我们学习了曲线与方程的知识，知道一条曲线可以看成动点依照某种条件运动的轨迹，那么你知道哪些动点的轨迹呢？

生：平面内到定点的距离等于定长的动点的轨迹是圆；

平面内到线段两端距离相等的动点的轨迹是线段的垂直平分线；

平面内到角的两边的距离相等的动点的轨迹是角的平分线……

【设计意图】教师通过提问来复习前面所学过的动点的轨迹问题，同学们经过回忆、思考、回答，复习前面所学的知识，为引入新知做好铺垫；帮助学生打开思路。在已经学过的动点的轨迹是圆、线段的垂直平分线、角的平分线的基础上，提出新的动点的轨迹问题。

环节2：提出问题。

师：通过改变动点满足的条件，你还能提出哪些新的动点的轨迹问题呢？你是怎么想的？

生1：平面内到定点的距离等于定长的动点的轨迹是圆，这是到一个点，如果是平面内到两定点的距离，就会有两个距离，这两个距离就可以进行运算，或者比较大小，等等，因此我的问题是：平面内到两定点的距离之和为常数的动点的轨迹是什么？或者平面内到两定点的距离之差为常数的动点的轨迹是什么？

生2：平面内到一定点的距离等于到一定直线的距离的动点的轨迹是什么？

学生思考、讨论，提出不同的动点的轨迹问题。

【设计意图】借助学生自己已有的经验或者疑惑，教师提出了开放性的问题。对学生提出的问题给予肯定与表扬，在做出适当的点评后，师生一起把目光聚焦在平面内到两定点的距离之和为常数的动点的轨迹上。

环节3：动手实验。

教师布置任务：请大家利用手边的材料，探究此动点的轨迹图形。教师完全放手让学生操作，培养学生动手实践的能力。学生两人一组做实验，能够很快形成思路和方案，通过画图，体会椭圆的形成过程。

环节4：总结归纳。

师生一起根据学生的实验过程，建立平面直角坐标系，总结、归纳、推导出椭圆方程。在推导椭圆方程的过程中，学生几乎代替了教师，能够清晰流畅地提出自己的观点，并能够很好地理解教师提出的问题，并迅速做出决策。之后学生能够很好地理解椭圆方程，并且能够对椭圆方程中的各个字母所代表的含义进行较为清晰的阐述，能够继续发散思维，对椭圆的形状与字母间的关系进行思考。

【点评】在这个案例的教学实施中，表面上来看应该说几乎看不到低、小、多、快的影子。但实际上我们进行分析，对于基础扎实、思维活跃的学生而言，教师恰好使用了符合学生实际情况的教学策略，这些策略隐含其中，起着引领和激励的作用。比如，教师提出的问题，恰恰处于学生的最近发展区，而且"你知道哪些动点的轨迹呢？"看似是开放的问题，但实际上对学生来说是一个合适的起点。再比如，在教学过程中，教师最大化地发挥了学生的主观能动性，从动手实验到总结归纳，几乎都是学生自主进行交流与讨论。多活动、多思考、多交流展现得淋漓尽致。

【设计2】

环节1：情境引入。

师：请同学们举出一些你认为是椭圆的图形。

生：鸡蛋、橄榄球、跑道。

师：看来同学们对椭圆的认识不是特别明确，今天我们就一起研究一下到底什么是椭圆。

第一步，教师通过多媒体展示行星运行的轨道和地球人造卫星的运行轨道，讲述科学家如何通过对行星运行轨道进行研究，发现万有引力理论等科学发展史上的几件大事，激发学生学习椭圆的兴趣。

第二步，教师再让学生观察通过圆锥截面形成椭圆的过程，使他们在感性上认识椭圆，认识到椭圆是平面图形。

环节 2：动手实验。

第一步，学生实验。四人一小组，分工合作。取一条长度一定的细绳，把它的一端固定在图板上的点 F_1 处，先套上铅笔，拉紧绳子，移动笔尖，笔尖的轨迹为一个圆。教师继而提出问题，如果把绳子两端稍稍拉开一段距离，分别固定在图板的两点 F_1，F_2 处，套上铅笔，拉紧绳子，慢慢移动笔尖，看看画出的轨迹是什么曲线，如图 4-1 所示。学生讨论、交流、实验、发现。

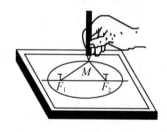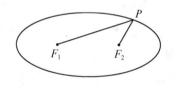

图 4-1

第二步，教师提出建议：调整 F_1，F_2 的距离，或者调整绳长等，看看曲线形状有什么变化。

第三步，教师提出问题：在这一过程中，哪些长度是变化的，哪些长度是不变的？你能说出移动的笔尖（动点）满足的几何条件吗？

环节 3：总结归纳。

平面内到两个定点 F_1，F_2 的距离之和等于常数（大于 $|F_1F_2|$）的点的轨迹叫作椭圆，这两个定点叫作椭圆的焦点，两焦点间的距离叫作椭圆的焦距。

取过焦点 F_1，F_2 的直线为 x 轴，线段 F_1F_2 的垂直平分线为 y

轴，建立平面直角坐标系，如图 4-2 所示。

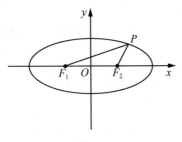

图 4-2

设 $P(x，y)$ 为椭圆上的任意一点，椭圆的焦距是 $2c(c>0)$。

则 $F_1(-c，0)$，$F_2(c，0)$。设 M 与 F_1，F_2 的距离之和等于 $2a$（$2a>2c$，常数）。

所以，$P=\{P\mid|PF_1|+|PF_2|=2a\}$，

又因为，$|PF_1|=\sqrt{(x+c)^2+y^2}$，$|PF_2|=\sqrt{(x-c)^2+y^2}$，

所以，$\sqrt{(x+c)^2+y^2}+\sqrt{(x-c)^2+y^2}=2a$，

得 $(a^2-c^2)x^2+a^2y^2=a^2(a^2-c^2)$，

由定义 $2a>2c$，所以，$a^2-c^2>0$，

令 $a^2-c^2=b^2$，代入，得 $b^2x^2+a^2y^2=a^2b^2$，

两边同除以 a^2b^2 得 $\dfrac{x^2}{a^2}+\dfrac{y^2}{b^2}=1(a>b>0)$，即椭圆的标准方程。

它表示的是，焦点在 x 轴上，焦点分别是 $F_1(-c，0)$，$F_2(c，0)$，中心在坐标原点的椭圆的方程。其中 $a^2=b^2+c^2$。

如果椭圆的焦点在 y 轴上(选取方式不同，调换 x，y 轴)焦点则变成 $F_1(0，-c)$，$F_2(0，c)$，只要将方程 $\dfrac{x^2}{a^2}+\dfrac{y^2}{b^2}=1$ 中的 x，y 调换，即可得

$\dfrac{y^2}{a^2}+\dfrac{x^2}{b^2}=1$，这也是椭圆的标准方程，如图 4-3 所示。

【设计意图】这一环节，教师与学生一起，一步一步地推导椭圆的方

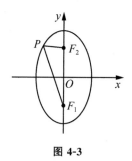

图 4-3

程，既有学生的深度参与，教师的导向性也直白明确。对这一个难点内容，师生一起讨论、研究，这样及时的呵护措施，对学生而言会防止学生因困难而放弃。在教师的帮助下，学生对椭圆方程产生过程的理解会逐渐清晰。但此时学生对椭圆方程的理解似是而非，好像理解了，又好像并没有理解透彻。

环节4：深化理解。

第一步，求椭圆 $\dfrac{y^2}{4}+\dfrac{x^2}{9}=1$ 的焦点；

第二步，求椭圆 $4x^2+y^2=16$ 的长轴长；

第三步，已知方程 $\dfrac{x^2}{k-2}+\dfrac{y^2}{3-k}=1$ 表示的曲线是椭圆，则 k 的取值范围是_____；

第四步，已知 B，C 是两个定点，$|BC|=8$，$\triangle ABC$ 的周长等于18，则此三角形顶点 A 的轨迹是_____。（或者将三角形的周长为18这个具体数值，变成字母 a）

【设计意图】环节四是通过直观的形式、方程的不同形式、从常量到变量、从具体到抽象、定义的变式等多个角度帮助学生进一步理解椭圆的标准方程，帮助学生洞悉椭圆的标准方程的深刻含义。

例1：写出适合下列条件的椭圆的标准方程：

（1）两个焦点坐标分别是$(-4,0)$，$(4,0)$，椭圆上一点 P 到两焦点的距离之和等于10；

(2)两个焦点坐标分别是$(0，-2)$和$(0，2)$，且过$\left(-\dfrac{3}{2}，\dfrac{5}{2}\right)$。

解：(1)因为椭圆的焦点在 x 轴上，所以设它的标准方程为

$$\frac{x^2}{a^2}+\frac{y^2}{b^2}=1(a>b>0)，$$

因为，$2a=10$，$2c=8$，

所以，$a=5$，$c=4$，

所以，$b^2=a^2-c^2=5^2-4^2=9$，

所以所求椭圆的标准方程为$\dfrac{x^2}{25}+\dfrac{y^2}{9}=1$。

(2)因为椭圆的焦点在 y 轴上，所以设它的标准方程为

$$\frac{y^2}{a^2}+\frac{x^2}{b^2}=1(a>b>0)。$$

方法 1：由椭圆的定义可知，

$$2a=\sqrt{\left(-\frac{3}{2}\right)^2+\left(\frac{5}{2}+2\right)^2}+\sqrt{\left(-\frac{3}{2}\right)^2+\left(\frac{5}{2}-2\right)^2}$$

$$=\frac{3}{2}\sqrt{10}+\frac{1}{2}\sqrt{10}=2\sqrt{10}，$$

所以，$a=\sqrt{10}$，又因为，$c=2$，

所以，$b^2=a^2-c^2=10-4=6$，

所以所求标准方程为$\dfrac{y^2}{10}+\dfrac{x^2}{6}=1$。

方法 2：因为，$b^2=a^2-c^2=a^2-4$，

所以，可设所求方程为$\dfrac{y^2}{a^2}+\dfrac{x^2}{a^2-4}=1$，将点$\left(-\dfrac{3}{2}，\dfrac{5}{2}\right)$的坐标代入方程中可求出 a，从而求出椭圆的标准方程。

例题的及时跟进，逐步加深了学生的理解，使学生的理解逐步变为有形的事实。学生可以在抽象的理解中找到抓手，将方法和思想予以落实并形成自己的策略。

【点评】对比这两个教学设计的引入部分，我们发现，两位教师的教学设计都遵循了提出关键性的问题，尽可能调动学生的主观能动性，通过学生的亲身参与或自主探究开启课堂的学习体验的原则。但两个教学设计与实施的起点却是完全不同的。

如果学生的基础较好，学生很好地掌握了圆的有关知识，理解了曲线与方程的内涵与精髓，那么从学生的最近发展区直接入手，学生能很快地进入状态，迅速投入椭圆的研究中。就如上面的【设计1】，学生思维的起点比较高，从自己的经验和认知的起点出发，他们能够很快地进入学习的主要领域，能够很快地掌握知识的本质特征，并能够迅速形成自己的理解或推断，甚至可以超前地发现其他领域的问题，为自己的学习和研究埋下伏笔。

但是如果学生的基础较为一般或者比较薄弱，那么【设计2】的教学起点就会比较合适。椭圆是学生觉得很熟悉的图形，但大多数人却并不知道真正的概念。所以通过学生举例，了解学生对椭圆的认知程度，这一过程简洁明快，针对性强。再通过视频、图片的播放，学生的动手操作，能够很好地将学生带入研究椭圆的氛围中。这不仅吸引了学生的注意力，让学生对课堂产生兴趣，而且也激起了学生学习的欲望。这样通过起始问题的设置难度的降低，使学生产生成功的心理，第一时间呵护学生的学习积极性。

椭圆的定义是一种发生性定义，是通过描述椭圆形成过程来进行定义的。这是对椭圆本质属性的揭示，也是椭圆方程建立的基石，理应作为本堂课的教学重点。同时，椭圆的标准方程作为今后研究椭圆性质的根本依据，自然成为本节课的另一教学重点。因此在教学中这个部分应该放慢脚步，合理地帮助学生搭设活动、思维的台阶，帮助学生进行理解和过渡。

在【设计2】的教学中，教师很好地搭设了活动、思维的台阶。具体实施环节，也体现了小步子、层层递进的原则。

　　学生首先在教师的指引下，动手画圆，再画椭圆。活动中从对数学现象的观察，到对数学对象所包含元素的思考，逐步渗透研究问题的一般思路与方法，使得学生从对单一的目标进行观察，逐渐过渡到对关系进行考量。通过动手实践让学生感受椭圆的形成过程，渗透运动变化的思想，让学生探寻变化中的不变量，探究图形本质。在这中间搭设的较为经典的思维台阶，帮助学生突破了难点，也让学生熟悉了研究问题时的思考方式。在动点运动过程中，哪些长度是变化的，哪些长度是不变的？动点满足的几何条件有哪些？这一台阶的设计，充分考虑了学生的认知程度，帮助学生克服障碍，引导学生有目的地思考。这样的设计对于一般的学生来说，是必要的，是培养学生突破难点的信心的绝好机会，也为学生的理解做好了铺垫。由此学生总结出了椭圆的定义，这个定义是学生通过描述自己的操作过程抽象概括出来的，学生对椭圆中的变与不变有了较为清晰的认识，这就为推导椭圆的方程埋下了伏笔。

　　通过师生亲自动手画椭圆，让学生感知椭圆的画法，挖掘椭圆画法中隐含的知识，体会画椭圆过程中数学的韵味，再次将学生的求知欲望很好地激发了出来。在得出椭圆的定义之后，水到渠成地用代数的方法来解决几何问题。通过复习求曲线方程的步骤，很快将学生引入奇妙的数学思想方法中。这一过程巧妙自然，富于生命力，使学生的感知、认识、理解逐一体现在巧妙的设计中。精心设计的思维台阶起到了画龙点睛的作用（小步子）。学生一直处于兴奋的体验当中，他们不断地超越自我，享受成功的喜悦。

　　对于"曲线与方程"的内在联系以及数形结合思想，学生仅在"直线方程""圆的方程"中有过感性认识，由于学生在小学、初中从几何直观的角度对二者有较深刻的了解，当需要学生从"曲线与方程"的内在的联系的角度来看待两个几何对象时，学生的理解就有些敷衍了，或者并未真正有所感受。所以，椭圆就肩负着加深学生对用代数的方法研究几何问题的基本研究思路的理解的任务。因此，由椭圆定义推导出椭圆的标准方程也就成为本堂课的教学难点。

在本课的教学现场，可以看到学生的活动比比皆是。这是多活动的体现。

例如，动手实验，四人一小组，通过观察、操作、调整等动手实践，亲自参与椭圆图形的生成过程，再通过讨论、交流、归纳、总结椭圆的定义的过程，来达成对知识理解的共识。在方程的推导过程中，借助需要不断直面挑战、细心思考的思维活动，帮助学生再次体会用方程研究曲线是解析几何的基本方法。这些活动都是在有意识地对学生的思维进行培养，帮助学生深入理解椭圆方程的深刻含义。通过数形结合的思想使学生的思维层次有所加深。用 a，b，c 的代数特征来刻画它们的几何意义，发现数量关系，这些都是学生为理解椭圆而产生的思维活动的体现。

学生真的理解了吗？为了考查学生对知识的掌握和理解情况，精心设计例题，引领学生从正面、反面、侧面等不同的角度来理解知识，这样学生对知识的理解必然越来越深刻。这不仅可以快速反馈学生的学习情况，对检验学习效果，也起到了一定的实质性的作用。

围绕教学重点，一步一个脚印扎扎实实地落实，这样既保证了围绕学生的最近发展区，采取合适的起点，帮助学生搭建思维的台阶，带领学生进行广泛的教学活动，又充分呵护了学生学习的积极性，使得学生在学习过程中不断地体验到成就感。可见学生在教师的积极指引下，充满了对学习的渴望，学生理解的引擎被点燃，在不断地接受挑战、自主探索等活动中，学生学习数学的积极性被调动了起来，学生学习数学的自信心不断增加。

五、实施"低、小、多、快"的教学策略要注意的几个问题

一是，不能就"低"论"低"。

很多教师认为，我的学生基础差，"低、小、多、快"的教学策略，

恰好顺应了自己学生的情况。因此教学的起点和难度降低，"低"得理所当然，难度上不去也没办法，从而一部分教师在使用这个策略时出现了就"低"论"低"的现象。但实际上之所以选择"低起点"，是因为考虑到以往教育教学的要求与标准过于统一，事实上对不同的学生来说，标准的达成度并不一样。"低起点"强调教学应以学生的原有水平为出发点，这样，"低起点"就转换为"实际起点"，是学生的最近发展区。由于它是以学生已有的发展为标准的，所以这样的起点与学生的接受能力更贴近，使学生能在原有基础上得到提高。

二是，"低起点"要促进"高要求"。

教师担心"低起点"是否会带来"低要求"，是否会因此而不能有效地完成教学目标。实际上"低起点"与"高要求"并不矛盾。在教学中，我们必须明确，"低起点"的目的及操作，都是为了实现"更高的要求"，也就是如何使每个学生的个性、才能和天赋获得充分的展示和发展。具体来说，是通过知识的传授和能力的培养，使学生的素质与潜能获得充分的提高与开发。因此起点虽低，但并不妨碍有高的要求，包括教学难度的要求、能力的要求、习惯的培养等。

三是，"低、小、多、快"的循环往复。

那么在教学中是否必须按照"低、小、多、快"的顺序进行呢？其实这四个步骤是相辅相成的，你中有我，我中有你，不能将它们孤立起来，它们在教学中可以循环反复地使用。也许在每个例题、练习中都会用到这四个步骤，也许在某个环节中只用到了其中的一个步骤，这四个步骤的使用是根据课型、班级学生情况、教学内容的变化而变化的，不能机械模仿，孤立使用。也许有教师认为只要我的教学中很好地使用了"低、小、多、快"的教学策略，教学成绩就会很快提高。但实际上"低、小、多、快"的应用效果取决于我们的备课情况，也取决于我们驾驭课堂、与学生沟通等方方面面的情况，任何一个环节出现问题都有可能影响教学效果。

第二节　提出关键性的数学问题，发展理解的能力

问题是理解的基础，提问是理解的引擎。在数学课堂教学中，教师往往通过问题来促进学生的思考和探究，从而提高学生的数学理解能力。因此，提问成为课堂教学中师生交流互动的重要环节。然而在实践操作中，问题教学效果不佳的一个重要的原因是教师提出的问题零散、不系统，缺乏针对教学目标的、直指教学核心的关键性问题，从而影响学生对知识的理解。

在课堂教学中，常常看到这样的情景：一节课下来，教师好像该讲的都讲了，学生与教师之间也有很多的交流互动。但我们却发现，更多的问题与交流是一系列浅显的问题与交流，如"是不是""对不对"这类不需要多加思考便能脱口而出的问题，对于思维能力的训练意义不大。有的情况是，问题问得过难，或者问题问得过于宽泛，不聚焦，学生不知从何答起，最后只好教师自问自答。有时设计的问题无法紧扣教学目标，尤其是在教学的重、难点处，设置的问题不能层层递进地带动同学们思考，导致整节课的教学思路不清晰，学生无法跟上教师的步调。因此课堂表面上比较热闹，但其实并没有深刻的问题能够引起学生之间、师生之间的思维碰撞。教学过程没有能够给学生带来观念上的理解与揭示，本该具有意义的教学沦为一种表面化的、低效的，甚至是妨碍学生理解的教学。

很多教师的提问很可能陷入了一种固定的模式中，而教师自己却并没有自觉地意识到。课堂中的提问有时可能仅仅是为了调控和管理课堂，或者是问一些简单的知识性的问题。这样的提问对促进学生的理解而言帮助并不大。在课堂上，提出好的问题，有助于增进师生之间的情谊与交流，激发学生学习数学的兴趣，促进学生思维的发展，增强学生的数学理解能力，对教学的效果有着重要影响。好的问题应能够激发思

维，挑起质询，会引发出更多的问题。一个好问题，不仅仅是一个能够"做"的问题，而且还是一个能够促进学生思考"为什么"和"如何做"的问题。

图 4-4 是某校在进行 COP（靠谱）项目试验时得到的一组数据，是一组对学校教师的课堂提问进行数据分析后的结果，从中可以看出，教师提问的问题类型基本可概括为五个：管理性问题、记忆性问题、推理性问题、创造性问题、批判性问题。常规的管理性问题是一种用于课堂管理的提醒式的问题，从图表中可以看到样本学校在实验中的数据占比为 0.23%，全国常模数据为 1.67%；后面依此类推。记忆性问题是教师梳理出的与本节课的新知识学习密切相关的问题，是学生已有知识、生活经验方面的问题，样本学校的占比为 36.19%，低于全国常模数据；推理性问题是让学生依据一个或几个已有的知识或经验，经过思维的加工，推导出带有自己个性化特征的概念、判断或推理的问题，样本学校的占比为 46.05%，高于全国常模数据；创造性问题是围绕学生创造力的开发而设计的问题，主要表现为要求学生能做出预测，解决生活中的

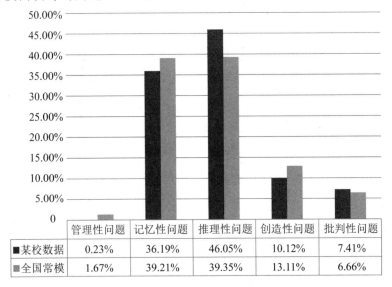

	管理性问题	记忆性问题	推理性问题	创造性问题	批判性问题
■某校数据	0.23%	36.19%	46.05%	10.12%	7.41%
■全国常模	1.67%	39.21%	39.35%	13.11%	6.66%

图 4-4　问题类型

问题，样本学校的占比为 10.12%，低于全国常模数据；批判性问题是需要学生变换思考问题的角度做深层次思考或反思的问题，样本学校的占比为 7.41%，高于全国常模数据。

由上述的数据可以看出，无论是学校的数据还是全国常模数据，教师在提问时，记忆性问题与推理性问题的占比远远高于创造性问题和批判性问题，尤其是记忆性问题所占的比重比较大。同时教师在挑选学生回答问题的方式上，更多地倾向于选择让学生齐答，或者是叫举手者答，而鼓励学生提出问题的数据明显低于其他，如图 4-5 所示。这也可以说明，教师的提问浮于知识的表面，并不深入，从而使引发学生的深度理解的措施大打折扣。教师在问题的设置以及处理的方式上，还需要做进一步的研究与反思。

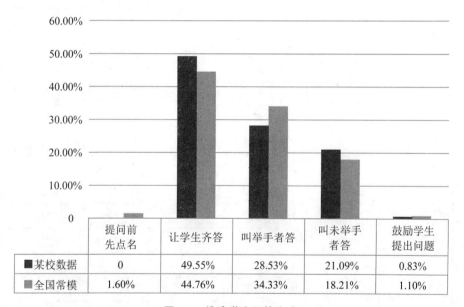

	提问前先点名	让学生齐答	叫举手者答	叫未举手者答	鼓励学生提出问题
■某校数据	0	49.55%	28.53%	21.09%	0.83%
■全国常模	1.60%	44.76%	34.33%	18.21%	1.10%

图 4-5 挑选学生回答方式

表 4-1 是对一位教师的教学过程所做的具体的数据分析。

表 4-1　数据分析

项目			本节课数据	与全国常模数据相比
教学模式	师生行为转换率		28%	低于
	教师行为占有率		41%	低于
	学生行为占有率		59%	高于
有效性提问	问题类型	管理性问题	0	低于
		记忆性问题	44.12%	高于
		推理性问题	41.18%	低于
		创造性问题	8.82%	低于
		批判性问题	5.88%	低于
	挑选学生回答问题的方式	提问前先点名	0	低于
		让学生齐答	83.33%	高于
		叫举手者答	10%	低于
		叫未举手者答	6.67%	低于
		鼓励学生提出问题	0	低于
	学生回答方式	集体齐答	47.06%	高于
		讨论后汇报	11.76%	高于
		个别回答	14.71%	低于
		自由答	26.47%	高于
	学生回答类型	无回答	0	低于
		机械判断是否	0	低于
		认知记忆性回答	50%	高于
		推理性回答	32.35%	低于
		创造评价性回答	17.65%	高于

续表

项目			本节课数据	与全国常模数据相比
教师回应	回应方式	言语回应	93.94%	低于
		非言语回应	6.06%	高于
	回应态度	肯定回应	77.42%	高于
		否定回应	0	低于
		无回应	0	低于
		打断学生回答或代答	0	低于
		重复回答并解释	22.58%	高于
四何问题		是何问题	73.08%	高于
		为何问题	7.69%	低于
		如何问题	19.23%	高于
		若何问题	0	低于
对话深度		深度一	72.08%	高于
		深度二	11.63%	低于
		深度三	11.63%	高于
		深度四	2.33%	低于
		深度五	2.33%	高于

这是一位新手型教师，在本节课中，教师使用了较为丰富的教学方法和教学策略，给予了学生充分的时间进行各种活动，充分调动了学生学习的积极性。教师也设置了较为开放的问题情境，且收到了学生不错的生成反馈。学生的推理性回答占 32.35%，创造评价性回答占 17.65%。本节课在具体的情境中设计对话，通过同学间的互帮互助进行练习，取得了很好的教学效果，对学生学习的兴趣和积极性起到了很好的促进作用。

但是我们发现，教师提出的问题仍然处于课程内容的浅表层，是何问题占到了 73.08%，占据了主要部分，对话的深度主要处于深度一的水平，占 72.08%。这说明，教师的提问较为简单，在聚焦核心问题，形成问题系统中欠缺统领本节课的"关键问题"。学生对于教师所提问题的回答也多以认知记忆性回答为主，这对于学生理解知识以及知识的本质、知识背后的价值与意义就显得非常不足。对批判性问题，教师虽然有所涉及，但涵盖的内容并不多，学生对于知识的正面理解较多，从其他侧面对知识进行甄别与理解较少，这样就会出现学生表面听懂了，换个方式来问同样的问题，学生仍然不会的现象。因此教师要注重对学生批判性思维的培养，达成有效知识的迁移，让学生可以从不同角度对知识进行理解和评价。教师可以结合课内、外知识，大胆引导，鼓励学生发表个性化的观点，同时促进学生从各个角度深入探究知识，培养自主思考的批判性思维。

一、提出关键问题是教师专业素养的标志之一

关键问题一般具有以下三个标志：①关键问题居于课程的核心地位，是所学知识的精华所在，是所学内容的核心所在。②关键问题一般情况下没有一个明显的正确答案，它能够帮助学生打开持续理解力。③关键问题能够激发并保持学生的兴趣。它总是贯穿于整个学习过程的始终，也贯穿于本领域发展的历史之中，并且它能够引出其他重要问题。

关键问题指向的是本课的核心内容和学科本质，关键问题是一节课重点内容的聚焦，是学生思维的绝佳载体，是激发学生探索欲望的导火索。围绕关键问题不仅可以设计本课的核心问题和相关的问题链，而且可以将其作为理解、探究的切入点，使学生的思考始终围绕此核心内容来展开。这样的关键问题才能帮助学生更加深入地理解课程内容的主旨。

在课堂中，教师教给学生知识，有时学生并没有真正理解，可能是因为在教学中教师没有抓住教学内容的主旨，并不是真的清楚知识的来龙去脉或者其真正的价值与含义。也可能是我们采取的教学方式并没有促进学生主动地进行思考和探究。

因此这就要求我们教师首先要对所讲知识的本质认识清楚，明确所讲内容要达到的最终目标。每次上课前教师要先问问自己，这节课到底要讲什么，自己制定的目标是不是核心目标，这些目标是不是可以帮助学生将所学知识应用到新的环境中，提高学生的理解能力。因此研究教材、研究知识的本质、研究学科素养都是我们的教师必备的基本功。教师是否具有教学的高观点、大视野，对教学内容的核心及它承载的功能是否弄清了，这都会对培养学生的理解能力产生影响。

我们要确定预期的学习目标。通俗地讲，就是弄清我们到底要讲什么，我们希望学生知道和理解什么，并且能够做什么。这样建立的常规课程框架才能够帮助教师聚焦重点。我们平时在教学中往往将知识与技能放在首位，作为一节课的目标，实际上知识与技能只是教学的载体。在知识与技能的背景下，我们要对课程的深远目标、已有的课程内容标准等进行充分的考虑。也就是说，教师首先要真正明确教学实际中的"主旨(big ideas)"。那么什么是主旨呢？实际上确定好一节课的主旨并不简单，为了培养学生的理解能力，我们必须要确定：

哪部分内容是整个课程内容或者单元课程的核心，它具有的持久价值是什么？

我们根据什么来确定哪些内容居于学科的核心地位？

我们根据什么来确定学生对于课程核心内容的掌握程度？

这些核心内容在何种程度上有利于激发学生学习的潜能？[①]

这样的核心内容及其承载的价值功能以及方法才是教学中的真正主旨，真正的目标。为了确定教学的真正主旨，我们必须用一个较高的视角去看待我们的课程。我们的学科课程内容应该代表学科或者教育的重要的观念，这些观念能够超越课程内容，具有持久的理解价值。教师所

---

① [美]威金斯、[美]麦克泰：《理解力培养与课程设计：一种教学和评价的新实践》，么加利译，15～19页，北京，中国轻工业出版社，2003。

讲授的内容应该是课程的核心内容，这些核心内容都可以应用到新的环境中；这些核心内容应当让学生自主去发现，并通过对这些内容的学习，为学生提供学习及生活的蓬勃动力。

对关键问题的研究与落实，也是教师转变教学方式的标志。当把学生接受固定的答案作为课堂设计的目标时，指导学生学习的活动就受到了压制。我们应当这样看待关键问题的设计，它不仅包括把我们知道的东西传授给学生，而且还包括以下内容：第一，指导学生提出问题，把课程内容转换为智慧性知识；第二，指导学生意识到如何理解课程内容；第三，指导学生通过对知识的实际运用来认识其价值。

教师通过提出关键问题，激发学生思考与讨论，引领学生进行思维的深度训练，这将大大减少教师的灌输式的教学行为。随之而来的是，师生语言的交流、思维的碰撞，更多的是学生可以围绕关键性的数学问题，层层递进地展开思考。这样的方式带来的是以学生为主体的学习机制，学生会在关键问题的解决中占据主动，课堂才会真正变为学生的课堂，学习才会真实发生。因此，将提出关键问题作为教师的基本教学技能之一，这使得教师可以更加有效地围绕重要的观念组织教学内容。除了为学生的学习提供了更加明确的关注点之外，这也为教师自己的教学提供了一个更加明确的目标。

二、关键问题是培养学生理解能力的重要手段

关键问题不仅可以使学习的内容集中而明确，还可以使学生在疑问中实现对知识的建构，从而理解他们所知道的东西。因此我认为关键问题是以知识内容为载体，建构学生自己的数学理解的重要方式之一，是培养学生理解能力的重要手段。

如何评价学生是否理解了呢？我们需要做出区分：一种是表面化的、从别人那里照搬过来的看法，这种理解一般是浅显的。如果并未加入学生自己的观点和看法的话，这样的理解可能就是冷漠的、无情感的，过一阵子就会忘记的。这样就会在理解的深度与广度上显得无关紧要，久而久之不仅会造成学生自己思维上的倦怠，甚至会因为别

人的误解而造成自己的误解。另一种是深刻的、有根据的、自己的理解。如果你能够对一件事物进行解释与讲授、验证与应用，或者能够读出字面以外的意义，这说明你对其做到了理解。这样的理解，都是从自己的认知出发的，通过自己辩证的、各个角度的理解，获得自己对问题的认识与看法。这不仅会帮助学生建构自己的理解，而且在这样的过程中会激发学生的兴趣，增强学生的成就感，会大大提高学生学习的积极性。

关键问题的解决过程就是学生学习新知识的过程，就是学生理解能力发展的过程。以主旨目标为中心提出的关键问题，会使学生的思维产生聚焦点、着眼点，它们能够引领学生的数学思维活动的方向。学生在解决问题的活动中探究、体验知识的形成过程，建构知识结构体系；在反思、交流互动的过程中感悟着学科思想和方法。这都将引领学生更深入、更全面地思考问题。

评价学生是否理解的过程，实际上就是学生自主学习的内化过程。在关键问题的解决过程中，学生将所学知识应用于新的环境中，从而对学习产生新的兴趣，形成自主学习的意识，养成自主学习的习惯，培养自主学习的能力，这是一个互相补充、不断深化的过程。随着理解的逐步深入，学生会越来越有自信，可以辩证地认识事物；对自己产生新的认识，发现自我。这必将促进学生认识自我、理解自我，从而成就自我的发展。

三、在问题解决体验中发展学生的理解能力

培养学生的理解能力，与教师的教学方法有着密切的关系。在教学中，教师的教学方法影响着学生理解能力的发展。因此，我们想从改进教师的教学方法入手，探讨如何提高学生的理解能力，下面是我校培养学生理解能力的五步法，如图4-6所示。

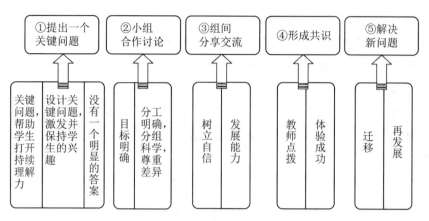

图 4-6　培养理解能力的五步法

(一)创设一个情境, 提出一个关键问题

创设包含关键问题的情境有多种方法。包含关键问题的情境可以来自现实生活, 可以来自数学本身, 也可以来自科学情境。教师可以结合学生的实际生活背景, 创设有意义的生活情境, 使学生体会数学与多彩的生活的紧密相关性, 发现生活情境的内在数学本质, 提高学生在"生活化"与"数学化"之间灵活转换的能力, 使学生学会用数学眼光观察世界、用数学思维思考世界, 用数学语言表达世界。教师也可以根据学生已有的数学知识背景、数学史等借助数学学科本身的方法, 创设包含关键问题的情境。这样的问题情境与关键问题本身是紧密联系的, 体现了数学知识的相互关联性。提出关键问题的情境是否恰当, 不仅取决于情境自身, 更取决于情境是否能揭示关键问题的本质, 因此创设的情境不能只注重形式而忽略情境本质, 形式与内容应协调统一。

在恰当的包含关键问题的情境下, 教师还需要借助辅助问题, 将其作为提出关键问题的铺垫, 即通过由浅入深的方式, 先利用辅助问题作为铺垫, 再提出关键问题。辅助问题是指为了引出关键问题而呈现的问题, 通过辅助问题使得关键问题的引出更加自然、顺理成章, 没有突兀, 辅助问题应与关键问题相协调。

课堂教学中的关键问题的提出有多种方式, 一方面可以由教师根据问题情境顺其自然地提出关键问题；另一方面，教师也可以引导学生主动发现并提出情境内在的、所指向的关键问题，这种方式有助于增强学生发现问题、提出问题的能力，提高学生的问题意识。通过创设包含关键问题的情境，并借助辅助问题链，提出并明确教学中需要解决的关键问题，可以促进课堂教学主线更加清晰。问题链相当于一个支架，一系列高质量且结构良好的问题，则是起着重要的脚手架的作用。教师通过一连串的问题链，引导学生逐渐有意识地进行自主建构，对原有知识进行重组、拓展和再创造。

例2：教师从爱因斯坦的故事情境入手，提出关键问题。

爱因斯坦(1879—1955)是一位著名的物理学家。他是诺贝尔物理学奖获得者，是现代物理学的开创者和奠基人。发表了"量子论"，提出了光量子假说，解决了光电效应问题。创立了狭义相对论、广义相对论等。他给出了著名的质能方程，$E=MC^2$（能量守恒定律），对后来发展的原子能事业起到了指导作用，为核能开发奠定了理论基础。被公认为是伽利略、牛顿之后最伟大的物理学家。

他在数学方面也有很高的造诣。有一天，他生病在家，一位朋友前去探望，为了让爱因斯坦消遣，出了一道计算题：2 962×2 938。题目刚出完，爱因斯坦就脱口而出"8 702 356"。这位朋友十分惊讶，他请爱因斯坦说出是怎样计算的。爱因斯坦说，他把2 962拆成29和62，把2 938拆成29和38，他发现前面两位数字都是29，后面两位数字分别是62和38，而它们的和是100，分别计算29×(29+1)＝29×30＝870，62×38＝(50+12)×(50−12)＝50²−12²＝2 356，然后将870和2356连着写出来，就得到了乘积8 702 356。

师：看完这则小故事，你有什么问题或困惑？

生1：他怎么这么快就算出答案了？

生2：为什么他把2 962拆成29和62，把2 938拆成29和38？

生3：为什么用29×(29+1)，为什么不是29乘别的？比如28，40什么的？

生 4：将 870 和 2 356 连着写出来，就得到了乘积 8 702 356。为什么呢？

……

教师让学生提出自己的困惑，很好地激发了学生的兴趣，调动了学生学习的积极性。这样的问题情境，不仅使得学生从名人的身上学习到了良好的品质，而且也增强了学生发现问题的能力。鼓励学生发现问题，其实无异于是帮助学生打开了一个学习的宝藏。

师（提出关键问题）：同学们发现的问题或提出的困惑都很好，那么，爱因斯坦速算的理论依据是什么呢？这个理论依据的背后具有怎样的价值呢？今天这节课就带着这样的问题，开始我们的旅程。

教师和学生一起通过一系列的探究与发现，找到爱因斯坦速算的理论依据。设 $a=29$，$b=62$，$c=38$，$2962=100a+b$，$2938=100a+c$，且 $b+c=100$。

$$2\,962\times2\,938=8\,702\,356。$$

$$
\begin{aligned}
&(100a+b)(100a+c)\\
&=10\,000a^2+100a(b+c)+bc\\
&=10\,000a^2+100a\times100+bc\\
&=10\,000a^2+10\,000a+bc\\
&=10\,000a(a+1)+bc。
\end{aligned}
$$

$$
\begin{aligned}
&2\,962\times2\,938\\
&=10\,000\times29\times(29+1)+62\times38\\
&=870\times10\,000+2\,356\\
&=8\,702\,356。
\end{aligned}
$$

图 4-7　代数式运算背后的规律

这样的关键问题直指本课的教学核心，一方面挖掘代数式运算背后的隐含的规律，另一方面将对规律的总结与反思上升到对数学学习的认识与理解、对抽象思维方法与习惯的培养上。同学们可以意识到不同的代数特征，表达的算式的含义不同。代数式的结构特点可以直指运算的算理，这是运算带来的价值。通过字母的表达，将特殊的数字计算上升为对一般规律的探索，这不仅体现了符号的意识与作用，更重要的是促进了学生的抽象思维的发展，锻炼了学生从具体走向抽象的能力，也培养了方法。这就避免了学生仅仅会进行多项式乘法的机械性的训练的问题，从技能走向了思考，走向了方法，更是走向了理解。

在这里，关键问题是爱因斯坦计算方法背后的算理以及对其价值的理解，借助这个关键问题，帮助学生体会数学符号以及符号参与的运算所带来的价值，这样的问题，帮助同学们打开了持久的理解力，而不是让学生停留在问题本身上。显然就这个问题而言，并不是仅仅停留在揭示爱因斯坦速算的理论依据上，而是在这样的理论支撑下，这样的抽象思维的引领下，继续围绕这个关键问题，逐步加深学生的理解。这样的关键问题，结合精心设计的数学情境，帮助学生不断地在自我的建构中、反复的体验中、多方位的认知中加深自己的理解，这样的理解必将会内化于心，为学生自己的数学世界的建构增砖添瓦。

例3：在人教版高中数学 B 版必修第二册第四章"指数函数、对数函数与幂函数"的小结课中，教师帮助学生复习巩固指数函数、对数函数与幂函数的有关知识；在学生梳理知识与框架的过程中，培养学生数学抽象以及归纳概括能力；让学生在表达与交流的体验中，提高学习数学的兴趣，树立信心，帮助学生进一步认识数学，认识不一样的自己。

在实施过程中可以针对学生不同的情况，或者将学生分成不同的学习小组，布置不同的任务，让学生从各个不同的视角，借助三种具体的函数模型进一步理解函数的思想与意义；体会研究问题的思路与方法，逐渐形成构建与反思的习惯。

关键问题1：为什么把指数函数、对数函数、幂函数称为基本初等函数？三者之间有什么关系？请你归纳、总结各个知识的关键点和典型案例来进行说明。

在关键问题1中，要关注学生对本章关键知识点的梳理是否齐全合理，是不是抓住了本章知识的重点内容。这可以从知识层面了解学生对指数函数、对数函数与幂函数三者之间的关系是否有深刻的理解。

我们知道，在幂的运算中，底数、指数、幂中至多有两个是变量时，就形成了六个函数。这六个函数是：$y=a^x$，$x=a^y$（$y=\log_a x$），

$y=x^a$，$x=y^a$，$a=x^y$，$a=y^x$（$a>0$，$a\neq1$）。我们发现，这六个函数其实包含函数 $y=a^x$，$y=\log_a x$，$y=x^a$，另外的三个函数可以看作是这三个函数的复合。因此，这三个函数是基本初等函数。在数学运算中，对数是对求幂的逆运算，指数式与对数式可以互化。三种函数均由幂的运算产生，其中指数函数与对数函数互为反函数（图 4-8）。

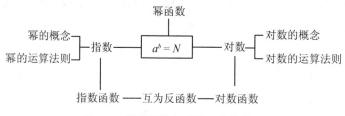

图 4-8　指数函数与对数函数的关系

关键问题 2：经过初中和高中的学习后，对函数有哪些进一步的理解？请你梳理函数学习的脉络与框架，归纳、总结研究函数的一般思路与方法。

在这个问题中，要关注学生对章节知识框架的梳理是否合理，对函数学习的螺旋式上升的模式的理解是否有新的突破，对学生研究函数的一般思路与方法给予适时的点拨。

一次函数、二次函数、反比例函数、指数函数、对数函数、幂函数，可能还有学生会罗列分段函数。其中一次函数 $y=x$，反比例函数 $y=\dfrac{1}{x}$，二次函数 $y=x^2$ 均为幂函数。指数函数、对数函数互为反函数。研究函数的基本方法是：研究函数的解析式，研究函数的以下性质。①定义域；②值域（包含函数值的分布、最大值、最小值）；③奇偶性；④单调性、变化趋势；⑤对称性；⑥顶点、与坐标轴的交点等特殊点；⑦周期性；⑧渐近线；⑨图象……学生形成"由性质到图象"的一般思路，为今后学习函数时能掌握从研究一个函数自身的性质和图象入手，过渡到研究两个函数之间的关系，继而研究复合函数的性质和图象等的研究思路奠定基础。

关键问题 3：通过对函数的应用的学习，你对函数是描述客观世界变化规律的基本数学模型有何体会？可以结合具体事例或资料进行说明。

在这个问题中不仅要对案例或资料的科学性进行把握，更要关注学生从感性认识到理性分析的思维水平的上升，以及他们的情感态度。培养学生逐渐形成函数学习源于生活，高于生活，服务于生活的理念。

3 个关键问题的设计，实际上是在引领学生自主学习的方向。教师通过不断构建问题式的教学情境，让学生循序渐进地获取知识和建构知识结构。①关注知识的本质。通过梳理指数函数、对数函数与幂函数的相关知识，概括三者之间内在的联系，加深对函数本质的理解，从而挖掘知识背后的价值与功能。②注重整体把握所学内容。考量函数的来龙去脉，了解函数的"前身后世"，为深刻理解函数、较为系统地获得函数的知识做好了铺垫，对函数的认识由感性上升到了理性。③渗透研究问题的思路与方法。从知识到方法，帮助学生形成数学学习的观念，帮助学生构建自己对数学的理解，同时帮助学生打开持久的理解力，并激发他们的兴趣。

"为理解而教学"是建构主义的教学观的重要信条。建构主义提倡教学在问题解决中完成，强调知识的建构者是学习者本人。因此，设计教学时要将学生置于知识和思维冲突中，引发学生的认知冲突，引导学生大胆质疑、猜想。教学应引导学生深入地领会知识内容，驱动学生进行高质量的数学思维活动。教师应根据学习内容整体地设计有价值、有挑战性的关键问题，鼓励学生先尝试解决，开展探究、讨论等有意义的数学活动，使教学围绕着关键问题的解决而逐渐展开，关键问题的解决过程就是学生不断建构知识的过程。

但是要注意的是，设计的关键问题过难或过易都会影响学生对数学理解的建构。教师在设计关键问题的过程中，应该站在学生的角度思考数学内容，充分考虑学生的学情，以学生已有的数学知识经验和能力水平为基础。依据学生的学情来确定最近发展区，围绕最近发展区设计关键问题，使设计的问题能适应并促进学生的发展。另外，设计的关键问题应该面向全体学生，使其成为全部学生的共同关注点，这样的问题有助于全体学生产生集体责任感去尝试解决，此时问题容易转变为学生自身需要解决的问题，当学生将关键问题看作自己需要解决的问题时，才能驱动其内在的探究欲望，从而有耐心、有动力地思考问题。

(二)小组合作讨论，组间分享交流，形成共识

我们发现，提出关键问题的另一个很重要的作用就是促进思考，关键问题必然会激发教师与学生之间、学生与学生之间的交流，甚至会激起学生思维间激烈的碰撞。学生思维的培养，以及对数学的理解就在这样的交流中得以真正展开。这当中的各种成功与失败的情绪体验，以及与人交流，甚至是对待学习及他人的态度都会对师生人格的培养产生影响。学生努力思考解决问题的办法，甄别同学们的不同意见或反思自己在学习中出现的问题等，都会潜移默化地影响学生的理解，都会变成学生建构自己的数学世界的一草一木。

通过采用小组合作的学习方式，把课堂真正还给学生。这会给学生的思维留下空间，给自己的教学留下空间，给学生与教师的后续学与教留下空间，通过这种方式，提高学生的参与度，激发学生学习的主动性和积极性。

教师构建和谐、愉悦、平等的交流氛围，学生用自己的语言和理解表述对知识的学习、对数学的理解时，学生一方面用自己的方式重新构造、梳理知识与方法，另一方面也能体会到创造的乐趣，领悟数学的本质。

因此在这个五步法的教学模式中，相关环节应尽可能地交给学生。小组合作讨论交流，提出本组小范围内的意见和想法，再进行组间分享交流，不仅分享本组的解决关键问题的办法或心得，收获自信与成就感，而且倾听别的小组的做法，甄别正误、比较优劣。萧伯纳说："你有一个苹果，我有一个苹果，彼此交换一下，我们仍然是各有一个苹果；但你有一种思想，我有一种思想，彼此交换，我们就都有了两种思

想，甚至更多。"小组合作讨论，组间分享交流，最后形成共识，这样的活动安排和学习方式使数学学习活动不再单纯地依赖模仿和记忆，而是通过动手实践、自主探索与合作交流等方式，提升了学生学习数学的有效性。它有利于学生形成探究学习的意识，培养学生自主参与的意识和合作精神。它有利于学生形成探究学习的意识，培养学生自主参与的意识和合作精神。它能促进学生社会化发展的进程，有效地提高学生的学习兴趣，培养学生学习的能力，同时促进学生理解能力的提高。

但在这些环节中，有效性是一个重要问题。如何做到有效？就要注意：①关键问题要清晰。②分工明确，分组科学，尊重差异。③要避免重合作、轻个性的现象。学生对问题的理解是一种个性化的行为，要尊重学生的理解，要充分发展学生的理解能力，帮助学生树立自信。④要做学生交流的合作者、参与者、引导者。教师要有效地进行指导，适时地干预学生的交流，当学生比较沉闷或者思维局限性大的时候，教师要"挑事"；当学生过于活跃或研究方向跑偏的时候，教师要及时"拆伙"。教师帮助学生营造适宜的课堂"温度"，能够保护学生学习的积极性，教师的点拨与评价是学生体验成功的"土壤"。

课堂教学是"教"与"学"相互作用的过程，是教师与学生、学生与学生、学生与教材进行互动的过程。这种互动的最基本的目标，就是促进学生对知识的理解。对学生来说，理解是最基本的要求，只有理解了知识，才能运用知识去解决问题。学生的各种能力都是在理解知识的过程中得到发展的。不理解知识，就无从谈及能力的发展。从这个意义上说，课堂教学的核心问题在于学生的理解，促进学生对知识的理解，是教师开展教学活动的根本目标。教学的有效性也主要体现在学生对知识的理解上。那么如何检验或评价学生理解的程度呢？

(三)解决新问题

学生对知识的掌握程度如何，是否真正将知识转化为自己的理解了？应该将问题放在新的环境中进行检验。通过知识的迁移，激发学生理解的再度深化与发展。

　　解决新问题，实际上是理解能力中移情的体现。这就意味着我们应引导学生思考："这对你意味着什么？如果我需要理解，我需要哪些经验？……"解决新问题是对学生移情能力的培养与训练，这是培养学生理解能力时的重要环节。通过这个环节的设置，帮助学生体会所学内容的含义，这实际上是加深学生理解的一个有效手段，是帮助学生达到持久理解的有效途径，也是培养学生迁移能力的一个很好的尝试。

　　下面再来看一看中国人民大学附属小学六年级的王老师执导的"解决问题"一课。围绕学生做的实验"水冻成冰后体积变大了吗"（关键问题）展开教学。教师从给学生布置的前期实践探究性任务入手，让学生把水放在冰箱里冻成冰，从而发现体积发生变化的现象，提出数学问题。

　　学生回家做实验，用一定的容器把水放在冰箱里，观察水的体积和冰的体积，以及它们之间的差别，学生很高兴地将他们的实验成果和实验方法带到了课堂中进行分享。比如，有的同学说他最开始选用一个非常大的容器，结果水冻成冰后，观察发现体积变化并不是很明显，然后他又换成了小的容器。有的同学拿着矿泉水瓶解释说，先做好原来水的位置标记，水冻成冰之后，他再做出冰的位置标记，这样实验就能观察出原始数据和实验后的数据的差别了。在这个过程中，学生自己感悟到了他原来失败的原因以及从中所获得的经验，甚至有的同学还把自己的问题进行了梳理，做成了数学小报，加上了自己的一些心得体会，这简直就成为一篇有价值的数学小论文！紧接着大家都发现水变成冰以后体积确实变大了，那么水变成冰以后体积变大了多少，大家七嘴八舌地进行讨论、比较，这个时候同学们自然而然地就把"比"的概念引入了课堂中。

　　本课最精彩的部分是，教师提出"水冻成冰，体积增加了$\frac{1}{10}$，冰化成水后体积就应该减小$\frac{1}{10}$呀？"这一关键问题，制造了强烈的思维冲突。

有的学生赞同教师的观点，有的学生质疑，为解决这一问题，同学们可以说使尽十八般武艺，有的通过画图解释，有的用语言描述，有的用肢体比画，有的用数据解释，等等。

学生自己总结出："水冻成冰时，体积增加了水的 $\frac{1}{10}$，冰化成水后，体积减小了冰的 $\frac{1}{11}$，二者本质的区别是单位一不同。"继而学生用自己的语言并借助图象清晰地阐释了二者到底哪里不同，$\frac{1}{11}$ 是怎样出现的。我想学生对"比"的理解也已经明明白白。

通过本课，可以看到同学们侃侃而谈，自信快乐，具有很强的学习数学的积极性，具有良好的提出问题的能力与意识，学生自发地进行概念的澄清，有很强的归类意识，再次让我们看到了学生思维的潜力。教师设计思维的冲突，使学生发散的思维逐渐聚焦，将学生的思维继续引向深刻。

学生在观察、实验、猜想等过程中，进行充分的交流与表达，不仅可以帮助学生获得隐性知识，更可以帮助学生获得情感与方法，这是完善人格的必经之路。这样的授课，不仅搭建了学生的心理需求平台，使学生获得了内部满足感，增强了学生的自信心和积极性，而且也是把课堂还给学生的一种真表现。学生自己发现的，会促进学生自己的思考，记得牢，成就感巨大，自信心也会大大加强。

从课堂中可以看到，在教师的引导下，小组合作讨论交流，要解决这个问题需要理解什么、怎样理解、怎样促进理解，而随着一个一个问题的突破，学生形成了层次更高的归纳、解题能力。问题的递进也正是思维的递进，在解决问题的过程中，学生的理解能力不断地得到提升。学生保持着浓厚的兴趣，他们用所学知识，积极地来解决实际问题，他们互相交流，互相指正。在完成这一任务的过程中，他们的知识得到了迁移和应用，理解能力进一步得到加强。

学生不是在学习教材给定的知识，而是在合作解决他们所感兴趣的问题。教师也不是在教具体的数学知识，而是在真实的数学学习情境中，带领学生经过质疑、释疑等环节，引领学生的思维走向深刻。在这个过程中，学生不只是掌握了一些基本规律，在问题解决的过程中也体验了数学知识的产生过程，领会了其中的数学思想方法。只有经过自己的探索，才能真正获得数学知识，懂得其意义；才能运用自己获得的知识和经验解决问题，形成探究意识和探索世界的积极态度。

第三节　设计探究性的数学活动，积累理解的智慧

苏霍姆林斯基曾强调："在人的心灵深处，都有一种根深蒂固的需要，这就是希望感到自己是一个发现者、研究者、探究者。"①探索与发现是人类认识世界的一种基本方式，是人类改造世界的一个重要基础。人类正是凭借对未知领域的不断探索以及在此基础上的新发现而不断地深化对世界的认识，从而在改造世界的过程中来发展自身的。在学习中，教师引导学生去经历观察、发现、猜想、验证和归纳等过程得出事物的规律或结论，这是学生自己发现规律或结论的学习方法，这必将为学生理解数学埋下智慧的种子。

一、数学探究会使得教师的教学从封闭走向开放

每个学习者在学习的过程中都有探究的欲望，因此数学探究性的实践活动越来越受大家重视。但这一欲望需要教师引导，其实关于数学探究，在教学中教师都做了很多的尝试与努力，积累了很好的宝贵的经验。随着我们对教育教学的理解的深入，对人的关注越来越多，我们在教学中每做的一点思考与努力，对学生而言，恰恰是关心爱护学生的一种体现。但是在实际教学中，我们发现存在着一些问题和困惑，使得教师在实际操作中放不开手脚。

---

① ［苏联］苏霍姆林斯基：《给教师的建议（全一册）》，杜殿坤编译，58 页，北京，教育科学出版社，1984。

第一个显著的问题就是感觉时间不够。教师觉得，一旦让学生开始探究，时间就会大大拉长，就会挤占后面学习的时间，完不成教学进度。如果给教师充足的课时开展探究性的实践活动还是可以的，但在现实中却不容易做到。因此，部分教师宁肯封闭自己的教学课堂，也不愿意在自己的课上引导学生进行探究活动。甚至有的教师会说，这是形式主义，总感觉到大多是形式化的，热热闹闹，流于表面。

第二个问题是哪些课型适合开展探究活动，是新授课，还是复习课。大部分教师在每章后面的实践活动中才敢拿出一点课时展开实践活动，这造成了为了探究而探究的状况，与平时的课堂教学两张皮的局面。

第三个问题是怎样开展探究活动。一方面关于探究活动的课例、教学设计、教学参考等资源有限，学校的软、硬件设施等适合开展探究活动的资源也比较有限。另一方面教师进行探究活动的设计，需要投入大量的精力，无形中增加了教师的负担。

第四个问题是一部分教师发现了探究性学习的优势，但是这样的教与学的方式，实际上对教师的知识结构和研究问题的能力都有更高的要求。有的教师发现，这样的方式使得自己的教学工作负担更重了，尤其是不能立竿见影地看到效果，想一想也就放弃了。

在数学探究的教与学的过程中，确实存在着很多问题，需要教师一起去实践和寻找答案。

我们一起思考，造成这些问题的原因是什么？我们的教学是以什么为中心的？是以知识为中心的吗？是以强化学生的技能训练为重点的吗？是不是只要我们把问题讲解清楚了，告诉给学生，通过不断地强化训练，学生就真的理解了呢？我们的教学是为了完成教学进度吗？诚然，我们的中学教师面临着中考和高考的压力，难道我们就无法解决这样的问题吗？

我认为出现这些问题的根本原因无外乎两方面，那就是教师的观念以及教师的专业素养。我们知道，我们面对的对象是学生，教师应该转变自己的观念，将自己的课堂从封闭转向开放，营造适合人的发展的教与学空间。教师教学时应该将以知识为中心转变为以学生为中心，把以教师的教为中心转变为以学生的学为中心。要由对技能的训练逐渐向把握研究问题的思路与方法进行过渡；逐渐帮助学生形成学习数学的观念。这样就会使我们教师的教学从封闭走向开放。

二、数学探究将学生带入理解数学的"高速公路"

数学探究就是以数学问题探究为主的一种教与学的方法。具体来说就是指在教师所创设的情境下，学生通过自己观察、实验、操作、调查、信息搜索、合作与交流等活动，经过自己的反思与重组来构建新知识。

在教师的问题引领下，或者在某个任务的驱动下，学生经历数学的发生发展过程，这是数学探究的一个根本标志。这样的形式一方面使得学生能够自己发现数学的来龙去脉，而不是简简单单地由教师来告知。这使得学生对数学知识有了动态的、全方位的理解。学生从自己的认知和最近发展区出发，用自己的思考，理解所学的数学知识，这不仅使他们能更充分地理解数学知识，而且因为是自己建构起来的对数学的理解，这为学生自己的数学世界的建构铺设了坚实的路基。

学生经过观察、实验、猜想、类比、归纳等一系列的"物理的"外在探索，逐渐在头脑中产生思维的"化学反应"。学生的思维逐渐从合情推理走向演绎推理，认识与思维的直观具体开始逐渐向微观抽象过渡。学生的认知也会由热闹的感官体验慢慢变为冷静的理性思考，对事物能够从定性的观察过渡到定量的分析。慢慢地，学生的数学探索经历通过有目的的积累转变成学生的数学活动经验，这会逐渐提高学生的数学素养，这些素养是学生建构自己的数学世界的"钢筋"和"水泥"。

让学生亲身经历数学的发生发展过程，突出强调了学生的主动参与，使学生切实处于主体地位，通过亲身体验和反复实践，学生可获得关于学科本质更为深入的认识，并逐渐培养起一定的探究和创新能力。

数学的知识与结论由学生自己来发现，这会给学生带来极大的成就感与满足感，能够提高学生学习的兴趣与学习数学的自信心，这也必然会加快学生对自己的数学世界的建设，为学生的数学世界的壮大不断积蓄能量。

探究性学习充分强调学习过程中的主动建构，这有利于塑造学生主动参与、善于合作、勇于探索、敢于超越的学习品质，培养其创新精神，提高其智力水平与实践能力。在探究的过程中，师生之间的问题反思，同伴之间的交流互动，可以使学生在向他人展示自我的同时，也能够理解他人，反思自己，最终更好地理解自我，形成正确的人生观、价值观和世界观。

简言之，探究性学习的目的就是改变教师以单纯传授知识为主的教学方式，为学生构建开放的学习环境，帮助他们从多种渠道来获取知识，创造将学到的知识加以综合运用与实践的机会，促进他们形成积极的学习态度和良好的学习策略，培养创新精神和实践能力。

因此数学探究性学习是学生获得隐性知识、完善人格的必经之路；数学探究的过程逐渐清晰，就如同开辟了一条通向学生理解数学的"高速公路"，将学生逐渐引导到理解的"高速公路"入口。为学生的理解和他们的数学世界的建设提供更快、更宽的跑道，为进一步培养学生的数学理解提供手段和舞台。

三、在数学探究的过程中，帮助学生积累理解的智慧策略

随着中考、高考改革的深入推进，中小学各学科平均应有不低于10%的学时用于学科实践活动，虽然以前在教学中我们也进行了实践，但并未形成科学的体系。而今上升到课程层面，怎样进行整合与加工，是摆在我们面前的一个新的课题。

我以"点 C 在哪里？"一课为例来谈谈数学探究性实践活动是如何实施的。

这节课节选自人教版数学八年级上册，是学习完第十一章"三角形"，第十二章"全等三角形"，第十三章"轴对称"之后的一节复习课。

这三章以三角形的有关知识为载体，对研究几何的思路与方法做了初步的尝试。这是同学们接触几何学习以来第一次系统地、全面地认识三角形，对三角形展开了专项研究。从小学的直观感受到中学的逻辑推理，从感性到理性，从直观到抽象，帮助学生掌握研究问题的思路与方法，实现思维的发展。

从教学内容上看，三角形是中小学学习的最为重要的学习内容之一，是几何研究的核心图形。从小学甚至是从幼儿园的启蒙教育开始，学生就对三角形开始了不断的认识与探索。在小学，从整体感知三角形的形状到抽象认识三角形的特征，再到探索三角形的面积，学生经历了从整体到局部再到整体的过程，此时学生对三角形的认知是直观的、感性的。

到了初中，从对三角形元素的认识入手，继续研究三角形自身的性质，研究两个三角形的关系，研究三角形和其他图形的关系等，学生逐渐培养和发展自己的逻辑推理能力和抽象思维。进入更高的年级后，从解三角形到学习向量等知识，从对关系的研究到对元素的研究，再回到对关系的研究，通过形与数的结合、研究方法和手段的不断丰富，从静态到动态，从理性到方法，从定性到定量的研究逐渐将学生的思维引向深刻。这样使学生逐渐理解并把握整体数学脉络，进而进一步揭示数学的本质。这些对他们的数学思维的发展、数学学习方法的树立起着重要作用，在学生成长的人生旅途中扮演着重要的角色。

八年级学生对几何学习充满向往，好奇心强，这一时期是呵护学生学习的自信心，激发学生学习的兴趣，培养学生学习方法的关键时期。在教学中，要引导学生发现学习的乐趣，知识与思维的奇妙。通过让学生亲自动手实践探究，让学生发现三角形的奇妙，进一步理解三角形的本质，通过这样的课程帮助学生发现不一样的自己。

我们发现在学生探讨出确定一个三角形或者说确定两个三角形全等需要三个合适的条件之后，师生的目光就聚焦在通过三角形全等培养学生的逻辑推理能力上了。但是学生对三角形本质的认识真的清晰吗？研究几何问题的思维与方法树立了吗？确定两个合适的条件又有哪些规律可以探求呢？

下面我们一起看一下实施过程。需要说明的是：不同学校、不同班级，可以采取不同的形式进行，可以根据学生的情况，让学生自己填条件。下面的活动仅是其中的几个例子。

【活动1】已知线段 AB，请确定一点 C，画出△ABC，使得 $CA = CB$。

思考：(1)怎么画？可以画几个？工具有直尺、三角板、圆规、线绳……

(2)点 C 在哪里？

(3)如何证明你的结论？

拓展1：将问题改为"已知线段 AB，请你确定一点 C，使得△ABC 为等腰三角形，点 C 在哪里？"

【设计意图】这个活动对学生而言是比较容易的，将探究活动放在学生的最近发展区内，可以很快激活与唤醒学生。既保护了学生学习的积极性，又让他们带着愉悦的心情开始今天的学习。这个活动不仅复习了线段垂直平分线的有关知识，对尺规作图、全等证明、等腰三角形和轴对称图形的有关知识都进行了复习，而且也增强了学生的分类讨论意识，拓宽了学生的思路，培养了学生思维的严谨性。在分析过程中，学生对已知、求证及证明的逻辑体系又有了更深刻的认识。这个过程中要关注学生的作图工具，不同的作图工具，背后的思维含量不同。比如，学生可能会急于画出线段 AB 的垂直平分线(图 4-9)，但对为什么要这样思考较少。比如，学生使用圆规作图时，可追问学生以什么为半径，为什么。关注学生在具体操作中行为背后的思维情况，提高学生思维的含量。利用拓展1进一步增强学生的分类讨论意识(图 4-10)。

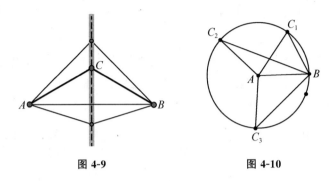

图 4-9   图 4-10

本活动从边的角度帮助学生进一步认识了三角形，让学生充分理解等腰三角形的含义，渗透了研究三角形的思路与方法。让学生利用自己学过的知识进行证明，恰好检验了学生对全等三角形的证明方法的掌握情况。

三角形是几何领域中最为核心的基本图形，不仅是基本的平面图形之一，而且也是研究其他图形的工具和基础。让学生从简单入手，逐步深入，学会怎样认识问题、分析问题。掌握了三角形的基本元素——三条边、三个角后，学生已经得出了利用合适的三个条件可以确定一个三角形，或者是确定两个三角形全等的结论。假如我们固定一个条件（以边为例），我们能否确定这个三角形的形状？如果不能，它们是否有一定的规律性？固定两个条件呢？三个条件呢？……这样的研究方式可使学生认清我们研究的三角形的基本元素的本质。从三角形知识的发展过程入手，帮助学生逐步认清三角形的内涵。这样的学习活动的安排并没有对已经学过的知识进行简单的再现，而是有意识地引导学生对获得知识的方法和经验以及研究问题的方法加以总结和利用。

如果说活动 1 对学生而言较为容易，那么从活动 2 开始，思维的梯度逐渐拉开，学生开始进行冷静的思考。

【活动 2】已知线段 AB，请确定点 C，画出△ABC，使得∠ACB 为直角。

思考：(1)怎么画？可以画几个？工具有直尺、三角板、圆规、线绳……

（2）点 C 在哪里？

（3）如何证明你的结论？

（4）将上述问题变为使得 $\angle ACB$ 为 45°或 60°，点 C 又在哪里呢？

拓展 2：将问题改为"若使得 $\triangle ABC$ 是直角三角形，则点 C 在哪里？"

可以让学生自己设置角的大小，以 90°和 60°角为例。教师也可以将学生分成不同小组，分别画直角、45°角、60°角……

在实际操作中，学生开始会有些纠结，不知如何下手，小组合作是个不错的选择。如图 4-11 所示，①通过移动三角板可以画出更多的满足条件的直角三角形［图 4-11（a）］；②学生先画出三角形的一条直角边（会有无数多条这样的直角边），使用三角板再画出另一条直角边［图 4-11（b）］；③少数同学也会通过圆规画出这样的三角形［图 4-11（c）］。在这个过程中，较为困难的是学生能否发现点 C 的运动轨迹是个圆，并且说明这个圆的一些限制条件。

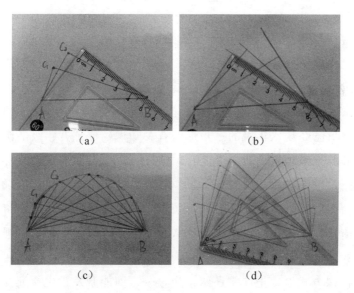

（a）　　　　　　　　　　（b）

（c）　　　　　　　　　　（d）

图 4-11

先来看 90°角的情况，学生经过观察、实践，猜想出点 C 的位置，如何证明呢？这里是对学生的逻辑推理能力的一个很好的挑战。师生一起对问题进行探讨，这个过程既帮助学生厘清了思路，又做好了示范，进一步规范了学生的逻辑推理过程。有了直角三角形的研究方法，45°、60°角等问题的研究就会相对容易一些。但学生仍然会对点 C 的运动轨迹产生困惑，教师可以借助多媒体等手段帮助学生分析理解。（图 4-12）

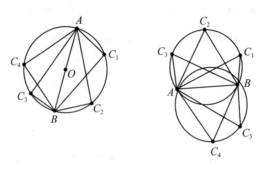

图 4-12

教师可以提出问题：（1）以 AB 为弦的圆有无数多个，为什么圆是确定的？

（2）在图 4-12 中，$\angle OAB$ 会是多少度（O 为圆心）？

（3）反之成立吗？

【设计意图】教师可以建议学生就这些问题课下撰写数学小论文，这不仅可以进一步训练学生的逻辑思维，而且也可增强教师的命题能力。知识的触角已经从八年级的三角形的有关知识延伸到九年级的圆与高一解三角形的知识领域。对学生而言，这样一方面会通过聚焦"一点"，以"点"带面，推进知识的发展，帮助学生认识三角形与其他图形的关系；另一方面可以让学生逐渐学会从知识本身纵横交错的视角来看待三角形知识的衔接问题。同时也会大大地激发学生认真学习数学的兴趣，让学生体会数学的妙趣，增加成就感，为后续学习做好铺垫。

在授课方式上，把课堂还给学生，一方面能激发学生探究知识的积极性，增强学生解决问题的自信心；另一方面把探索的主动权交给学生，能增强学生探索的主体意识和责任感。这样学生可以用自己喜欢的方式去研究学习对象的特征，既满足了学生多样化的学习需要，又可以从学生的最近发展区出发，寻找新、旧知识的连接点和生长点。

我们知道在数学中，最简单的东西，往往也是最本质、最基本的东西，通过对看似简单的三角形的把握，建立思维体系，通过推理，得出的结果往往是惊人的。这就是数学思维，是科学精神。

【活动3】已知线段 $AB=6$ cm，请确定点 C，画出△ABC，使得 $CA+CB=10$ cm。

思考：(1)怎么画？可以画几个？工具有直尺、三角板、线绳……

(2)点 C 在哪里？

拓展2：如果将问题变成"已知线段 $AB=6$ cm，请确定点 C，画出△ABC，使得 $|CA-CB|=4$ cm。"则应如何引导学生？

我们不妨让条件再进行变化，对学生而言较为容易的是下面几种画法。一是，使用线绳，固定线绳的两端，用笔尖画出椭圆。二是，取一些特殊的值，如两个边长分别为 5，5；4，6；…(图4-13)。

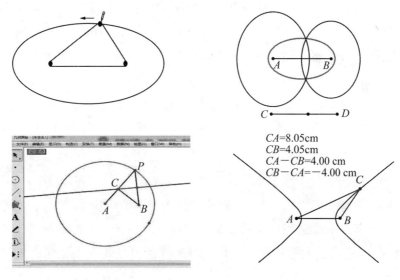

图 4-13

【设计意图】这部分内容对初中学生而言有一定的难度，甚至已经达到了高中二年级的知识水平，但学生是可以完成的。本活动主要希望架起初中与高中学习的桥梁。教师可以根据学生的情况，借助信息技术，帮助学生理解相关内容，为学生仔细安排活动顺序，使学生逐渐熟悉所学习对象的特性。

本活动并不要求学生对椭圆及其知识有更进一步的认识，只需师生一起感受不同的知识中蕴含的共同的价值取向，从"个别性与一般性、感性与理性、个别地看与一般地看"这些角度进行深刻体会，在打开学生思维的同时，也能激起学生探索新知的欲望，为今后的学习做好铺垫与衔接。学生带着兴趣迎来本课的高潮，学生离散的思维聚集了起来，学生的思维逐渐抽象，学生通过自己的探究，加之教师的动态演示，会有更深刻的体会。

"数学家看一件东西，常常把它放在变动的过程之中观察，注意到它的前身后世和左邻右舍。"①将对三角形的静态研究转变为动态几何问题，以几何知识和图形为背景，渗透运动变化的观点，解决这一类问题对学生而言是认识上的一个飞跃。这部分的设置让学生从新的角度来运用学过的概念，在动手操作的基础上更添加了动脑的内容，教师重视让学生主动开展观察、比较等探索发现性的思维活动，使得学生在自主探索的过程中真正理解和掌握了基本的数学知识，更重要的是学生学会了数学思维方法，丰富了数学活动经验。这样就为学生今后的学习和发展提供了动力。这使学生树立了信心，明确了学习目标，掌握了学习方法，增强了学生的兴趣，从而促进了学生综合能力的发展。

四、数学探究的实施方法与策略

现代教育心理学家布鲁纳指出："发现是教育儿童的主要手段。"人类学习中似乎有个必不可少的成分，它像发现一样，是尽力探索情境的机会。② 他指出，问题解决的过程并不是将解题步骤直接展现出来，而

---

① 张景中：《与中学老师谈微积分（1）——微积分历史回顾》，载《数学通讯》，2008(11)。

② ［美］布鲁纳：《布鲁纳教育论著选》，邵瑞珍等译，323 页，北京，人民教育出版社，2018。

是通过一些提示，引导学生主动地思考，探索如何解决问题，进而掌握知识。[①] 探究学习的最终目的是通过探究达到对所学知识的深层理解，提高探究能力，从而能够解决实际问题，而不是只会套用公式进行数字计算。这种方式对培养学生分析问题、解决问题的能力有很重要的教育价值。

归纳起来，数学探究一般要经历以下四个步骤。

(一)设置数学情境

数学情境是探究的前提，它对于引导学生开展数学探究，起着思维导向、激发动机的作用，它是学生进行观察、实践的载体。数学情境可以是现实的、虚拟的、开放的、趣味的。但无论哪一种情境，都需要反映出学生的认知情况，从学生的经验出发，引发讨论或提出问题。创设数学情境的方式有很多，要具体问题具体分析，有效的数学情境可以让数学的探究更加有效，可以起到事半功倍的作用。

下面我们比较两个教学活动案例。

例 4：

活动 1：观察下列算式，你能将它们分类吗(图 4-14)？

1. $5+3=8$； **2.** $5+(-3)=2$； **3.** $(-5)+(-3)=-8$； **4.** $(-5)+3=-2$； **5.** $5+(-5)=0$； **6.** $(-5)+0=-5$； **7.** $(-5)+5=0$； **8.** $5+0=5$。

有理数加法的分类： **1.** 同号两数相加： $5+3=8$，$(-5)+(-3)=-8$。 **2.** 异号两数相加： $5+(-3)=2$，$(-5)+3=-2$， $5+(-5)=0$，$(-5)+5=0$。 **3.** 一个数同零相加： $(-5)+0=-5$，$5+0=5$。

图 4-14　算式

① ［美]布鲁纳：《布鲁纳教育论著选》，邵瑞珍等译，323 页，北京，人民教育出版社，2018。

活动 2：总结归纳有理数的加法法则

(1)同号两数相加，取相同的符号，并把绝对值相加。

(2)绝对值不相等的异号两数相加，取绝对值较大的加数的符号，并用较大的绝对值减去较小的绝对值。互为相反数的两个数相加得 0。

(3)一个数同 0 相加，仍得这个数。

总结有理数加法速记口诀：同号相加一边倒；异号相加大减小，符号跟着大的跑；绝对值相等"0"正好。

活动 3：总结归纳运算步骤

(1)先判断题的类型(同号、异号)；

(2)再确定和的符号；

(3)最后进行绝对值的加减运算。

计算：

(1)$(+3)+(-9)$；　　　(2)$(+8)+(+10)$。

解：$(+3)+(-9)$　　　解：$(+8)+(+10)$

　$=-(9-3)$　　　　　　$=+(8+10)$

　$=-6$。　　　　　　　$=+(18)=18$。

这是有理数加法的新授课，在例 4 中，教师习惯地写出几组有理数加法算式，通过这几组有理数加法算式，根据算式的特点，进行分类，之后通过几组算式的计算情况总结出有理数的加法法则，再总结出加法法则的步骤、技巧，然后进行大量的巩固练习。我们看这样的授课存在着怎样的问题：

思考 1：从本课的授课意图上看，教师表面上虽然对观察和归纳能力进行了培养，但学生并没有真正理解有理数加法的实际意义。为了掌握有理数加法存在急功近利的情况，在对学生思维的培养以及加深学生对数学本质的理解方面存在问题。

思考 2：从教师的教学理念上看，教师在授课时，过于关注知识，缺乏对学生能力及认识的培养。从关注知识到关注能力，再到人的发展，才是我们教学中应重点关注的。

思考 3：从中小衔接的情况上看，学生刚刚进入七年级，学生的归纳总结能力还需进一步完善，枯燥的甚至是单一的教学任务，与学生在小学学习中形成的一般思路与方法是不匹配的。小学生学习时会通过大量的教学情境，借助直观形象来发现问题，之后抽象出简单的数学模型，再解决问题。本课的设计与教学方式，与学生之前的学习习惯、学习方式截然不同，势必会造成学生的入学不适应，久而久之甚至会让学生产生厌烦情绪。

思考 4：数字本身就是抽象的，本课显然是要求学生从大量的抽象的对象中，进行抽象的总结概念，显然对刚升入七年级的学生来说是一个极强的挑战。

例 5：下午放学时，小新的车子坏了，他去修车，不能按时回家，他怕妈妈担心，打电话告诉妈妈。可妈妈坚持要去接他，问他在什么地方修车，他说："在我们学校门前的东西方向的路上，从校门口出发，您先走 200 m，再走 300 m，就能看到我了。"于是妈妈来到了校园门口。妈妈能找到他吗？

学生纷纷进行发言，了解题意，澄清思路。通过写一写，画一画，甚至是亲自演示示范，来将问题中所有的可能情况描述清楚。

若规定向东为正，向西为负，上面的问题如何解决？

学生回答：

(1)若两次都向东，很显然，一共向东走了 500 m。

算式是 $200+300=500$，即这位同学位于学校门口东 500 m 处。

这一过程用数轴表示如图 4-15 所示。

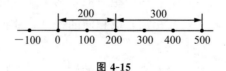

图 4-15

(2)若两次都向西，则他现在位于学校门口西 500 m 处。

算式是 $(-200)+(-300)=-500$。

这一过程用数轴表示如图 4-16 所示。

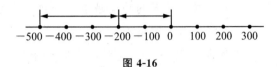

图 4-16

(3)向东 200 m，经过打听，发现不对，立刻返回，接着向西走 300 m。利用数轴可以看到这位同学位于学校门口西 100 m 处。

算式是＋200＋（－300）＝－100（学生画数轴，以下同）。

(4)同样妈妈可能会出现第一次先向西走 200 m，第二次向东走 300 m 的情况。

算式是（－200）＋（＋300）＝100。

之后，教师继续追问：以下两种情形，你能表示出来吗？

(5)第一次向西走了 200 m，第二次向东走了 200 m，那这位同学位于学校门口的什么地方？

学生回答：这位同学回到了学校门口，即－200＋（＋200）＝0。

(6)如果第一次向西走了 200 m，第二次没有走，那如何表示呢？

学生回答：－200＋0＝－200，这位同学位于学校门口西 200 m 处。

总结：根据以上 6 个算式，你能总结出有理数相加的符号如何确定吗？和的绝对值如何确定？互为相反数的数相加，一个有理数和 0 相加，和分别为多少？

学生回答：观察(1)中的算式，两个加数都为正，和的符号也是正，和的绝对值正好是两个加数的绝对值之和。观察(2)中的算式，两个加数都为负，和的符号也是负，和的绝对值是两个加数的绝对值之和。由(1)(2)可归纳出：同号两数相加，取相同的符号，并把绝对值相加。

……

表面上看两节课都是对有理数加法的学习，但我们也看到，例 5 的教学更好地深化与巩固了学生对概念的理解。学生不仅将有理数运算形象地印在了自己的脑海中，而且关注了两个运算对象的关系，更是对研究对象本身以及运算的本质加深了理解，使得从形象到抽象的思维训练流畅自然。

教师从创设的问题情境入手，将学生的认知特点以及学生的固有习惯相结合，这与学生思维发展的循序渐进性非常契合。在学生探求结果的过程中，学生不仅掌握了一些基本规律，而且在操作中体验了数学知识的产生过程，领会了其中的数学思想方法。学生发现，经过自己的探索，对有理数的加法法则的理解更为深刻了，甚至是更形象生动的。学生懂得了加法运算背后的意义，这不是教师强加给学生的，也不是学生凭空想象出来的，是在具体的问题情境中，学生通过自己的探索归纳得到的。学生运用自己获得的知识和经验解决问题，无形中就形成了探究意识和探索世界的积极态度。

(二)鼓励学生提出数学问题

提出数学问题是数学探究的核心，是在数学教学中培养学生问题意识与创新能力的有效切入点。数学的探究往往围绕问题来展开，以问题来引导学生观察、实验、归纳、猜想、证明。在教学中，鼓励学生发现问题、提出问题，鼓励他们敢想，敢于提出新问题或积极思考。只有学生在活动中体会到"为什么，是什么，怎么办"的时候，思维才算真正开启。教师凭借问题，与学生做一次深入的"对话"，有了问题，师生之间、生生之间才有交流的载体。因此提出数学问题是学生探究活动的核心与方向。

1. 提出数学问题是探究活动开展的起点和动力

学生的探究活动体验几乎都是建立在问题之上，依照问题的指引开展的。问题是指引学生，使其活动体验从无序过渡到有序，由肤浅走向深入的准绳。当学生面临新的问题情境，根据自己已有的知识和经验，试探着去获取结论时，能充分发挥自己的学习潜力。教师有目的地在新问题情境中引起学生的认知冲突，促使学生积极介入，师生共同参与，提出问题，共同进行研究和评价，这既是学生探究的知识起点，又是学生探究的思维起点，同时也是学生探究的情感起点。

问题的设置可以体现教师对学生思维训练的整体把握程度。但是当问题设置得不合理时，就会使学生产生不了学习的欲望和深入思考的动力。学生不能进行深入探究，学生的思维也就得不到有效提升。如果问题过难，会让学生望而却步；如果问题过于容易，会让学生提不起兴趣，丧失思考的动力；如果问题过于宽泛，学生会感到迷茫，学生的思考就不能聚焦；如果问题过于精细或教师的干预性过强，就会限制学生经验的整理和思维的深度拓展，阻碍学生理解能力的切实提高。

2. 提出数学问题是学生由感性认识向理性思考过渡的标志

鼓励学生提出问题，师生一起将学生的问题进行汇总，筛选出学生共性的、有价值的数学问题，师生一起展开探究活动。这样就将学生的个性的思考变成了共性的研究，其实这也是对学生提出问题的方法进行指导的最佳时机，引导学生学会有逻辑地、深入地思考。当学生从对数学情境的外在的感性认识中，逐渐剥去情境的物理外衣，抽象出其数学的特点与内涵，并在头脑中对其进行加工，提出自己的问题时，学生的数学探究就已经开始了，学生的思维就已经启动了。学生将现实情境中的问题转化为数学问题，并用数学知识来解决，这是数学的建模过程，是数学思维的发展过程，也是学生从理解数学走向理解自我的过程。

数学问题可以来源于教师精心设计的数学情境，可以来源于数学本身，还可以来源于现实的事例，以及数学的阅读材料等。无论是怎样的数学情境，其实都披着数学的"外衣"，帮助同学们认识到这一点，可以使学生学习的自信心大大提高，为学生有信心将实际问题情境转化为数学问题提供有力的支持。但要知道，学生从问题情境中提取出数学问题，这并不是一件轻而易举的事，对大部分学生来说是非常困难的。因为这是从外在的观察走向内在的思考的过程。这也就是为什么我认为，提出数学问题是核心，是学生由感性认识向理性思考过渡的标志。

提出数学问题一般具有两个层次：一个层次是用语言描述；另一个层次是使用符号表达。在第一个层次中，学生往往能够感受到问题情境中是有数学规律的，那么教师就要引导学生用语言表达这个规律。学生最初的思考过程，其实都是先用语言来描述这样的规律，这实际上是发现数学问题的过程，但此时学生还不能做到提出数学问题。当学生能够用符号表达自己的语言、表述数学规律的时候，学生的思维实际上经历了一个从混沌到清晰的过程。这样的环节在学生的思维中是不可或缺的，此时也进一步说明了符号表达的重要性。

例6：观察图4-17，大正方形的面积与小正方形的面积之间具有怎样的关系？（每个小正方形的边长均为1）

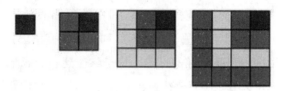

图 4-17

学生经过观察会发现，第二个正方形是第一个小正方形加上三个相同的小正方形构成的，第三个正方形是第二个正方形加上5个小正方形构成的，依此类推。

此时学生对于问题要求什么其实还并不是非常明确，但是将其用数字来表达时，学生就会很清晰地提出自己的问题。

$$1=(1)^2，1+3=(2)^2，1+3+5=(3)^2，1+3+5+7=(4)^2\cdots\cdots$$

学生从中发现了数学表达式的规律后，立刻会提出自己的问题：

第10个正方形的算式如何表达？

$$1+3+5+\cdots+19=(10)^2；$$

第2 020个正方形的算式如何表达？

$$1+3+5+\cdots+(\quad)=(\quad)^2；$$

第 n 个正方形的算式如何表达？

$$1+3+5+\cdots+(\quad)=(\quad)^2；$$

如何进行证明？

这是学生提出问题的基本过程，对于学生而言，教师要鼓励学生自己得出一般性的结论，并且用数学的语言、数学的符号来表达一般性的规律，哪怕是很简单的规律。这种让学生经历发现问题、提出问题以及解决问题的过程的方法，使得学生的思维从具体走向了抽象，从感性走向了理性。

3. 提出数学问题是学生建构自己的数学理解的源泉

与提出数学问题相关的是培养学生提出数学问题的能力。其实在现实的教学中，主要是由教师提出问题，学生进行解答，教师提出的问题占据了课堂教学问题的90%。而由学生自己提出问题，展开探究活动的现象却是少之又少。培养学生提出数学问题，是促进学生学会思考、敢于创新的有力措施。学生可以将自己认知中的困惑表达出来，或者从自己的最近发展区出发提出问题，这些困惑和问题带有学生主体的、个性的思考，是学生发挥主观能动性的标志，也是学生建构自己的数学理解的源泉。这样的操作可以真正满足学生的内心需要，使学生成为学习的主人。

例7：在学习三角形全等的判定的时候，教师在课前布置了任务，"请你画两个一模一样的三角形，说说你是怎么画的"。第二天上课的时候，教师让学生展示，并开始有目的地营造提出数学问题的氛围。

生1：我先画一个三角形，然后剪下来，把它放在纸上，描画出一个和它一样的。

生2：先画一个三角形，量一量三边的长度，再用同样的长度画一个三角形。（图4-18）

生3：先画一个三角形，在它的基础上做一个平行四边形，另一半的三角形就和它一模一样。（图4-19）

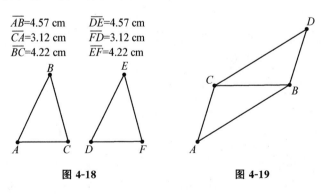

图4-18　　　　　　图4-19

生 4：我也是借助平行四边形，画出一个三角形，将他所有的边都往一个方向平移，画出的三角形就会和原来的三角形一模一样。（图 4-20）

生 5：看看我的办法。如图 4-21 所示，我先画一个三角形，沿着其中一条边延长，让 $ED=BA$，然后把 BC 平移到 EF，使得 $BC=EF$，再连上 DF 就行啦。

……

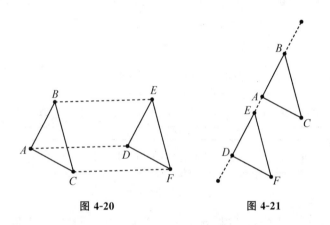

图 4-20   图 4-21

学生提出了各式各样的办法，经过师生的共同归纳、梳理，大家的问题都聚焦在：每种办法画出的三角形到底能不能和原来的三角形全等？因此如何判断两个三角形全等，即三角形全等的判定呼之欲出。"如何判断两个三角形全等？"这个问题不仅是学生自己提出来的，而且学生在之前的尝试中，已经对解决这个问题的方向进行了初步的思考。围绕研究两个三角形全等的问题，学生的认识从感性向理性进行过渡。学生研究的目光从三角形直观的外在特征，逐渐转向三角形的内在元素的特征。这就使得学生的研究从感性开始迈向了理性。学生的思维也从直观走向了抽象，这为学生自己的数学理解的建构又增添了浓墨重彩的一笔。

(三)解决数学问题

解决数学问题是重点，这对培养学生分析问题和解决问题的能力有着至关重要的作用。这能让学生进一步肯定自己的猜想，或者找出错误，让学生在思维的碰撞中产生新的智慧的火花。

在问题的解决过程中，发展学生的理解能力，培养学生的核心素养是解决问题的根本目的。学生解决数学问题的过程，就是学生理解数学的过程，是学生思维发展的关键路径。这样的过程教师必须高度重视，否则数学探究就会变成热闹的、浮夸的表演。

例8：对于抛物线 $y^2 = 4x$ 上的任意一点 Q，点 $P(a，0)$ 都满足 $|PQ| \geqslant |a|$，则 a 的取值范围是（　　）。

A. $(-\infty，0)$　　B. $(-\infty，2]$　　C. $[0，2]$　　D. $(0，2)$

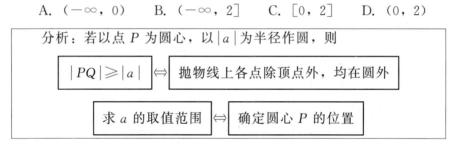

图 4-22　分析思路

解：根据上述分析，结合选项考虑以下几个问题：（1）圆心能否在 x 轴的负半轴上？（2）圆心能否是原点？（3）圆心能否是（2，0）？

通过图 4-23 及下面的计算可知正确选项为 B。

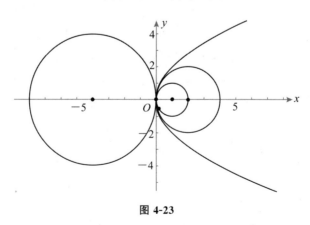

图 4-23

设 $Q(x,\ y)$，$P(2,\ 0)$，即 $a=2$。则

$(x-2)^2+y^2=(x-2)^2+4x=x^2+4\geqslant 2^2$，

所以，$|PQ|\geqslant|a|$ 成立。

说明：分析中给出的框图体现的就是思维中的形与数的统一，这是解决问题的依据，而画图和计算就是在它的指引下得到的解决问题的思路。当然这只是针对选择题而给出的解法。那么，能否用代数的方法得出答案呢？下面给出的三种解决问题的方法，可以帮助学生认识与理解研究解析几何问题的基本工具和基本方法。

解法 1：以方程为工具，

$\begin{cases} y^2=4x, \\ (x-a)^2+y^2=a^2, \end{cases}$

消去 y，得 $x^2+(4-2a)x=0$，

解得 $x_1=0$，$x_2=2a-4$。

依题意可知 $2a-4\leqslant 0$，

所以，$a\leqslant 2$。

解法 2：以不等式为工具，

设 $Q(x,\ y)$，由于 $|PQ|\geqslant|a|$。

所以，$\sqrt{(x-a)^2+y^2}\geqslant|a|$，

即 $x^2+(4-2a)x\geqslant 0$。

依题意可知，该不等式在 $[0,\ +\infty)$ 上恒成立，

所以，$2a-4\leqslant 0$，即 $a\leqslant 2$。

解法 3：以函数为工具，

设 $Q(x,\ y)$，$|PQ|=u$，则

$u=\sqrt{(x-a)^2+y^2}=\sqrt{x^2+(4-2a)x+a^2}$。

依题意可知，函数 $u=f(x)$ 在 $x=0$ 时，取得最小值 $|a|$，

所以，$x=-\dfrac{4-2a}{2}\leqslant 0$，

所以，$a\leqslant 2$。

代数方法的三大工具是函数、方程、不等式。三个解决问题的方法使用了不同的工具，这就需要学生从不同的角度理解已知条件："$|PQ| \geqslant |a|$ 对抛物线 $y^2 = 4x$ 上的任意一点 Q 都成立"。这样的思考问题的方式，解决问题的路径，就避免了片面地追求解题，为做题而做题的局面。同一问题从三个不同的角度去认识它，会加深学生的理解，而且从这三个不同角度去解决数学问题，这对于学生而言，只有对相关知识有深刻理解后才能做到。

因此要重点培养学生研究问题的思路与方法，帮助学生形成自己的思维方式，让学生知道知识背后到底是什么、为什么。通过看似简单的知识形成过程，来训练学生的思维，让学生与教师在思维上进行互动，在思考的过程中获得成功的体验。在解决数学问题的过程中，想尽一切办法触动学生的思维，学生自己探究出来的知识印象最为深刻，学生也会逐渐喜欢数学。学生逐渐形成了自己的研究问题的思路与方法后，就会形成自己的思维习惯，这不仅会带来思维能力的提升与发展，而且也会使学生对知识的理解更加深刻。

(四)注重数学的应用

注重数学的应用是探究性学习活动的目标。学数学是为了用数学，发展学生应用数学知识解决实际问题的意识，可以提高学生的实践能力和创新能力。学生在新的情境当中应用所获得的知识，才能真正理解数学知识的含义以及其背后蕴含的深刻道理。这将帮助学生自觉形成探究意识和努力探索世界的积极态度。

1. 学生对数学的理解必须经受数学应用的检验

学生必须在数学活动中经受数学应用的检验，因为这是对学生理解程度的直接的、显性的评价。学生一起探究，掌握数学的知识，发现数学的规律，体会数学的思想方法，这是学生理解数学知识及其意义的重要手段。但是学习数学的目的不仅限于此，只有将数学与现实背景紧密联结在一起，才能使学生获得真正意义上的充满关系、富有生命力的数学知识；才能使学生深刻理解知识，并将知识作为自己观察世界、研究世界的工具。

此时数学的应用主要包括两个方面：一是数学内部的应用，即运用已有的数学知识和思想方法解决新的数学问题。二是数学外部的应用，即运用数学理论解决有关的实际问题。对于学生来说，每一次新知识的学习，每一次解题，都可以看成数学内部的应用，由于数学内部的应用在学生的日常学习过程中广泛存在，所以学生对其进行了较多的训练，具有较好的基础。但在一般情况下，大多数的数学课堂中都比较缺乏数学外部的应用，因此教师在教学中要注意在数学外部的应用上多做思考和尝试。

例如，教师和学生一起学习指数函数的图象和性质之后，如何检测学生对本节知识的掌握程度和理解程度呢？

例 9：比较下列各组数中两个值的大小：

①$1.5^{2.5}$，$1.5^{3.2}$；②$0.5^{-1.2}$，$0.5^{-1.5}$；③$1.5^{0.3}$，$0.8^{1.2}$。

解：①考察函数 $y=1.5^x$，这是一个增函数，$2.5<3.2$，所以 $1.5^{2.5}<1.5^{3.2}$；

②考察函数 $y=0.5^x$，这是一个减函数，$-1.2>-1.5$，所以 $0.5^{-1.2}<0.5^{-1.5}$；

③借助中间量 1，将 $1.5^{0.3}$，$0.8^{1.2}$ 分别与 $1=1.5^0=0.8^0$ 比较大小，可以得出 $1.5^{0.3}>1>0.8^{1.2}$。

通过这组小题，考查学生能不能将两数比较大小的问题转化成指数函数的性质问题，利用指数函数的增减性来解决两数比较大小的问题。这是对指数函数性质的简单应用，是利用数学内部的应用来帮助学生理解指数函数的定义、性质、图象。引导学生运用新知识解决问题，扩大知识迁移，感悟解题方法，达到对新知识巩固记忆、加深理解的目的。

学生在学习中，是完成认知过程的主体。认知结构的构建，学习目标的完成都需要学生通过自己的努力去实现。表面上学生掌握了指数函数的图象与性质，但是学生对于指数函数不同于其他函数的特殊性真的弄清了吗？对函数是研究现实世界的基本模型的理念理解了吗？学生把自己对函数的理解转化为自己分析问题和解决问题的工具了吗？我觉得还要进一步加大指数函数的实际应用，以加深学生对知识的理解。

例 10：假设你用一笔资金进行投资，现有三种方案供你选择，这三种方案的回报如下。

方案 1：每天回报 40 元。

方案 2：第一天回报 10 元，以后每天比前一天多回报 10 元。

方案 3：第一天回报 0.4 元，以后每天的回报比前一天翻一番。

请问，你会选择哪种投资方案？

解：建立三个方案的日回报函数，其中 x 表示天数，y 表示日回报额。（图 4-24 和表 4-2）

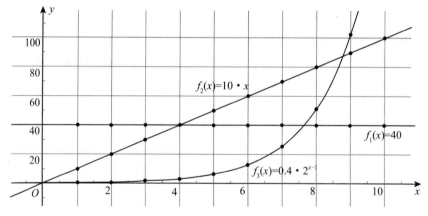

图 4-24

方案 1：$y = 40\ (x \in \mathbf{N}^{*})$。

方案 2：$y = 10x\ (x \in \mathbf{N}^{*})$。

方案 3：$y = 0.4 \times 2^{x-1}\ (x \in \mathbf{N}^{*})$。

表 4-2　日回报额数据表

x/天	方案一		方案二		方案三	
	y/元	增加量/元	y/元	增加量/元	y/元	增加量/元
1	40	0	10	0	0.4	0
2	40	0	20	10	0.8	0.4

续表

x/天	方案一		方案二		方案三	
	y/元	增加量/元	y/元	增加量/元	y/元	增加量/元
3	40	0	30	10	1.6	0.8
4	40	0	40	10	3.2	1.6
5	40	0	50	10	6.4	3.2
6	40	0	60	10	12.8	6.4
7	40	0	70	10	25.6	12.8
8	40	0	80	10	51.2	25.6
9	40	0	90	10	102.4	51.2
10	40	0	100	10	204.8	102.4
...	...	...	...	...	...	...
30	40	0	300	10	2.2×10^8	1.1×10^8
50	40	0	500	10	2.3×10^{14}	1.2×10^{14}
...	...	...	...	...	...	...

教师引导学生可以分两个部分进行探究和讨论。

通过研究三个方案的日回报额，体会它们的增长情况，为选择投资方案提供依据。通过日回报额数据表，从日回报额的角度来选择投资方案。（图 4-25）

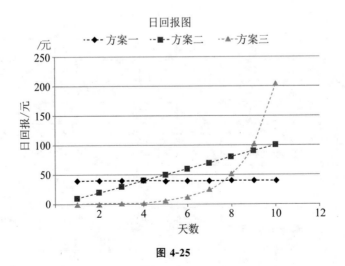

图 4-25

197

通过研究累计回报，体会它们的增长情况，为选择投资方案提供依据。通过累计回报数据表，从累计回报的角度选择投资方案。（图 4-26 和表 4-3）

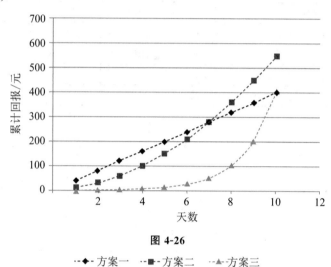

图 4-26

‐◆‐方案一 ‐■‐方案二 ‐▲‐方案三

表 4-3 累计回报数据表

x/天	方案一		方案二		方案三	
	日回报 /元	累计回报 /元	日回报 /元	累计回报 /元	日回报 /元	累计回报 /元
1	40	40	10	10	0.4	0.4
2	40	80	20	30	0.8	1.2
3	40	120	30	60	1.6	2.8
4	40	160	40	100	3.2	6.0
5	40	200	50	150	6.4	12.4
6	40	240	60	210	12.8	25.2
7	40	280	70	280	25.6	50.8
8	40	320	80	360	51.2	102.0
9	40	360	90	450	102.4	204.4
10	40	400	100	550	204.8	409.2
…	…	…	…	…	…	…

续表

x/天	方案一		方案二		方案三	
	日回报/元	累计回报/元	日回报/元	累计回报/元	日回报/元	累计回报/元
30	40	1 200	300	4 650	2.2×10^8	4.3×10^8
50	40	2 000	500	12 750	2.3×10^{14}	4.5×10^8
…	…	…	…	…	…	…

通过比较三种方案的不同，让学生探究和发现不同增长型函数的增长差异；通过三个函数的图象，以及日回报额数据表、累计回报数据表，发现相同的规律。借助投资回报模型的实例，让学生对直线上升、指数爆炸有一个感性的认识，当自变量变得很大时，让学生从数字上感受指数函数的爆炸式增长，形成指数函数比一次函数增长得快得多的认识。

通过对生产生活中具体实例的研究，帮助学生体验函数是描述客观世界变化规律的基本数学模型，体验指数函数与现实世界的密切联系及其在刻画现实问题中的作用。通过对图象以及数据的观察、分析、探究、归纳和概括，得到所对应的结论，加深对几类函数的认识，提高认识问题、研究问题和解决问题的能力。通过利用电子表格等信息技术手段，对几种常见的增长类型的函数的增长状况进行比较，增强使用技术手段研究数学问题和实际问题的能力。通过小组合作的学习方式，培养学生团结、合作的意识和表达交流的能力，让学生体会几类不同的函数在实际问题中的应用，并进一步体会其不同之处。让学生在学习和研究的过程中体会数学建模的过程和处理的方式，在将实际问题转化为数学问题的过程中，培养学生的函数建模能力，让学生体会到数学在生活实际和生产实践中的应用价值。

2. 数学的应用是一种体验，在体验中成长才是快乐的

学生的数学学习兴趣与数学应用意识呈正相关。通常喜欢学习数学

的学生，数学应用意识较强；不喜欢学习数学的学生数学应用意识较弱。提高数学学习兴趣和培养数学应用意识相辅相成，培养数学应用意识的过程有助于提高学生的数学学习兴趣，学生数学学习兴趣的提高可以促进其数学应用意识的发展。

让学生成为学习的"发现者""研究者"和知识的"制造者"，学生才能保持对学习的乐观态度。学生的学习只有通过自身操作，即实际应用和创造性的"做"，才可能是有效的。数学的应用是对学生学习的知识的进一步检测和评价，可以了解学生掌握的程度以及理解的深度。最重要的是，当学生将对知识的理解放在数学的应用中进行检验时，往往都会从自身体验的角度进行切入。在这个过程中，当学生调动自己的所有知识储备，甚至调动自己所有的感官去解决问题时，学生能力品质中的自主性、综合性等都会得到很好的发挥。这对学生而言是一种全方位的体验，既有知识的应用，又有情感的投入，这样的体验会使学生摒弃自身的不足，促使学生发现自己的能力与价值。在这个过程中，学生集聚的力量与自信，是一种巨大的快乐源泉，在体验中成长才是快乐的，学生才能够更好地发挥自己的主观能动性，挖掘自己的巨大潜力。

在数学应用的过程中，教师引导学生在原有的知识经验中构建新的知识经验，激励学生自己去理解、解释、评价所学内容，感受在知识应用过程中产生的一切情感。探究性学习的成果能够给人满足感，能让学生体验探索问题的快乐和克服挑战性问题后的精神满足。这种"需要、快乐、精神满足"是难以用确切的文字加以表述的。这实现了由外部奖励向内部奖励的转变，即将自己探究的成果转变成自己在数学学习中的快乐体验，将自己的有形的成果变成自己无形的快乐的编码，变成自己数学世界中流淌着的快乐"血液"。

探究式教学让学生懂得了维护人的价值。由于这些知识是学生亲自参与探究才得到的，因此学生对其印象特别深刻，可以经久不忘，遇到新的情境也能灵活地加以应用，并借助它们来理解数学知识的实质。当学生用探究的方法发现数学知识时，他们不仅获得了大量的事实和概念，而且他们也学会了理解这些事实和概念的相互关系，知道了人类是如何扩展我们的数学知识体系，并逐渐理解我们的世界的。

需说明的是，探究式教学模式的四个环节是互相联系、互为前提、互相依靠的。因为在数学情境中可以提出数学问题，同时一个好问题又可以作为一个情境呈现给学生；提出数学问题与解决问题形影相伴、携手共进，提出问题对于解决问题而言是必要而又有效的途径，而在解决问题的过程中也可以发现和提出新的问题。所以，数学的探究模式构成了互相交织，不断延伸的数学教学模式，它可以看成一个"活的""有生命力的"、创新型的数学教学基本模式，这也是帮助学生建构自己的数学理解的有效模式。

第四节　串起散点状的思考表达，
走向理解的发展

思维是隐形的，思维的发展需要显性的工具进行支撑。在教学中我们要善于将学生的思维外显化，这样不仅能真正清楚学生思考问题的方式以及学生思维的发展情况，而且能够准确把握学生的思维动态，准确地把握学生问题的关键，准确把握学生的理解程度，有针对性地展开教学。

学生常常使用不连贯的、生活化的语言来表达自己对问题的思考，但是当学生能够用合乎逻辑的数学语言代替自己杂乱无序的口头语言进行表达的时候，学生就会逐渐厘清思考过程中的每一个判断的理由和依据，使得思考过程变得清晰而有条理。学生将学到的"外部知识"进行内化，通过大脑的加工整理，将其转化为自己的"内部理解"，再重新组织、调整使其外显化，即把数学的"外部语言"先转化为"内部语言"，再将这种"内部语言"转化为"外部语言"，这个过程是学生内化的过程，是学生思维活动的过程，是学生理解发展的过程。只有学生能够将所学数学知识用语言、符号、图形等表达出来的时候，教师讲得明白才会变成学生学得明白，学生才能形成自己的理解。在教学中，教师要注意听学生的想法，创设符合学生实际水平的、良好的问题情境，引导和启发学生思考；构建民主、和谐、宽松的课堂环境和教学氛围，组织学生进行小组讨论、合作交流；指导学生对新知识进行意义建构，从而促进学生对知识的理解和能力的提升。通过师生、生生对话等多种方式的交流与表达，营造宽松、和谐的课堂氛围。通过学生自信、流畅、有逻辑、真诚的表达，帮助学生多角度地思考与理解。通过师生、生生之间思维的不断碰撞，持续地拓宽学生思维的广度与深度。

学生数学思维的发展，是学生理解数学的一个内在表现，对话与表达是学生理解数学的一个外在形式，这二者是相辅相成、相互关联的。师生之间、生生之间的对话与交流，会激发师生思维的碰撞。而有深度的思维碰撞，必将使学生对知识产生深刻的理解，带来学生思维的发展。通过对话与表达的方式，让学生将自己隐形的思维进行输出，但输出有时并不一定是准确的，表达也并不一定是精确的，因此帮助学生进行精准的、简洁的、有逻辑的表达是帮助学生建构自己的数学理解的一个重要的手段。

一、倾听与观察，从数学的学习走向品格的养成

课堂是师生、生生学习交流的主阵地，在课堂上培养学生学会倾听、观察，才能激发学生的思考，这是使学生从数学的学习走向品格的养成的基本步骤。

(一)学会倾听，才能学会思考

首先，要培养学生学会听"教师讲课"。在课堂中我们发现，有一些学生貌似在听教师讲课，可实际上并没有听明白，一些学生的听，仅仅停留在"哦，是这样"的层面。甚至是左耳听右耳出，热热闹闹，最后什么都不知道。这说明，学生在听的过程中，没有思考，没有有目的地倾听。此时学生对数学的理解只能是浅显的、散点式的，这不能为学生带来深刻的理解。因此教师在讲的过程中，应让学生明确，教师讲的是什么？为什么会是这样？使用的方法或策略是什么？还有更好的方法吗？

引导学生倾听教师对所教授知识的分析，或教师提出的激发思考的问题，从教师的身上学习思考问题的方式和严谨的治学态度，逐渐培养学生在听的过程中，构建自己的数学逻辑。

其次，要培养学生学会听"同学讲"，并加入自己的思考。听其他同学的发言，甄别表述中的正误，通过自己的判断来加深对知识的理解，树立自己发现和认识事物的观点，丰富自己研究问题的方式与方法。"三人行，必有我师"，用教师与同学们的观点，来激发自己的思考。

学会倾听，不仅是学习数学的需要，也是学生人格养成的需要。这既是学生在学习中形成了良好的行为习惯的一种直接体现，也展现了自己对别人的尊重。学会倾听，能从别人身上学到知识，能通过别人的行为反思自己的行为，这既是知识学习的需要，又是品格养成的需要。

(二)学会观察，培养学生用数学的眼光观察世界

数学的学习，很多需要观察、实验、探究。通过自己的观察，敏锐地发现数学知识与规律，再通过实践、猜想、证明，验证自己的想法，这是学生构建自己的数学理解的重要步骤。在平时的教学中，教师要注意引导学生不仅要对宏观事物进行外在的观察，还要对微观的、内在的数学元素进行考量。

例如，观察下列图形找规律。（图 4-27）

 ……

图 4-27

(1)按照图形的变化规律把表 4-4 填完整。

表 4-4 变化规律

正方形个数	1	2	3	4	5	…
直角三角形的个数	0	4	8			…

（2）按照上面的画法，如果正方形个数是 20，能得到_____个直角三角形；如果要得到 100 个直角三角形，应画_____个正方形。

（3）如果第一个正方形的面积是 256 dm^2. 按照上面的画法，所画出的第 6 个正方形的面积是_____ dm^2。

解：（1）完整的表格如下（表 4-5）。

表 4-5　变化规律

正方形个数	1	2	3	4	5	…
直角三角形的个数	0	4	8	12	16	…

（2）$4 \times (20-1) = 4 \times 19 = 76$（个）。

$4(n-1) = 100$，即 $n = 26$。

（3）因为新画出的正方形的面积是上一个所画的正方形的面积的一半，

所画出的第 6 个正方形的面积：

$256 \div 2 \div 2 \div 2 \div 2 \div 2$

$= 8(dm^2)$。

首先，教师引导学生先从宏观的角度观察这一组图形，学生发现正方形的个数越来越多，直角三角形的个数也越来越多。教师使用表格引导学生观察不同图形数目的变化，这样就从对图形外在的观察，开始有目的地向数量化的分析进行过渡。虽然这是从形象到抽象的一个基本过渡，但此时学生还并未发现数学问题中包含的规律及其深刻的道理，此时的发现仍然处于浅表层。

其次，带领学生继续观察，引导学生发现正方形的个数与直角三角形的个数之间的数量关系。当把正方形的个数与直角三角形的个数一一进行对应之后，探究二者之间的内在关系，并将结果呈现在学生面前。学生发现，直角三角形的个数与正方形的个数之间具有如下关系：

$0 = 4 \times (1-1)$，$4 = 4 \times (2-1)$，$8 = 4 \times (3-1)$，$12 = 4 \times (4-1)$……

这一数量关系的表达，使得学生的直观观察变为了抽象的思考。学生的观察，从宏观到微观，再从微观回到宏观。在这样的往复过程中，学生学会了用数学的眼光观察世界。通过观察，学生自己发现了数学的知识或规律，这必将大大提升学生学习的积极性，这远比别人告诉自己的要印象深刻，而且可以激发学生主动探索的欲望。观察不仅能够培养学生仔细、认真的品质，还能触发学生的情感认知，使学生能更好地理解别人、理解自己、理解世界。

让学生学会倾听和观察，有助于激发学生思考，这是数学教学中最关键的，也是最困难的。教师对数学问题的研究方法与思考方式，会潜移默化地影响学生；教师有目的的教学设计与实施策略会帮助学生形成自己的思考方式，进而使学生形成自己的思维方法和思维习惯。学生对数学的理解，对自己的数学世界的建立，都是建立在自己的思考上的。只有自己思考，才能拥有自己的理解。

这就需要师生一起营造民主、和谐、宽松的课堂氛围。要营造这样的课堂氛围，必须把学生放在首位。教师应将"生命性"作为教育的价值定向。只有真正重视学生个体多方面的发展价值，学生的主动性才能充分发挥出来，学生在课堂上才能成为学习的主人。学生的学习才能变成自己的事情，学生才能够主动构建自己对知识的理解。对教师来说，课堂教学不只是完成别人交付的任务，不只是完成教学进度，同时也是教师自己生命价值和自身发展的体现。只有深刻认识到这一点，教师才能发自内心地去爱学生，去尊重学生，和学生建立民主、平等的师生关系，才能和学生做知心朋友，课堂的氛围才会更加和谐。

二、把课堂的话语权交给学生，通过学生的表达了解学生背后的思考状态

无论是探究式的教学，还是提出关键性的问题，对话与表达都是必不可少的。教师与学生、学生与学生之间的对话，以及学生充分的表达，都是数学课堂教学的重要内容。通过对话与交流使学生的隐性思维显性化，教师才能真正了解学生的思维状况、学生真实的想法和学生的思维水平等。有交流的课堂才会有思维的碰撞，学生说出来的

是学生感悟到的，通过这些内容我们可以明白学生到底是怎么想的，理解到了什么程度，可以做哪些补充和哪些调整，这样的学习才会更具意义。

倾听学生的发言，耐心温和地等待学生把自己的想法说出来，时不时给予一定的鼓励，即使学生说的并不是正确答案，但是他将真实的想法表达出来，他的心情也是愉悦的。学生心情愉悦之后，就会更好地投入学习之中，争取下次有更好的表现。然而多数老师只注意自己的教学进度，并没有准确地借助学生的发言，与学生进行交流。更有甚者，有的教师不给学生发言表达自己想法的机会，使得学生越来越厌倦发表自己的意见。"好吧，老师说什么就是什么吧。"久而久之，学生就会产生学习心理上的惰性与不满足，学生学习的欲望会大大降低。

在一次数学课上，教师问学生："$(-3)\times(-4)=?$"经过短暂的思考，同学们纷纷举手。教师微笑着让表现踊跃的张同学回答。张同学自信地说："$(-3)\times(-4)=9$!"伴随着一阵哄笑声，学生又纷纷举手。"老师，不对不对。"教师略一沉思，对其他学生示意让他们把手放下来，并对大家说："大家静一静，请认真听一听他的想法，之后咱们再发表意见也不迟。"说完教师轻声问张同学："为什么?"由于着急，张同学挥舞着双手，但依然难以表达清楚。教师示意他慢慢说，只见张同学快速走到讲台上，拿起粉笔在黑板上画起来："老师你看！这是数轴，这是0，0的左边三个单位是-3，右边三个单位是$+3$，右边六个单位是$+6$，右边9个单位是$+9$。既然是$(-3)\times(-4)$，-3在这儿。"他指着数轴接着说："既然是乘-4，就是朝相反的方向走四次，-3到0一次，0到3二次，3到6三次，6到9四次。因此，$(-3)\times(-4)=9$。"张同学兴奋得脸色红润，声音微微颤抖。有的同学开始疑惑了，张同学的解释貌似也很有道理啊，班级内一下安静下来。教师也一时语塞，突然，教师灵机一动："同学们怎么看这个'张同学的问题'?"这节课剩下的时间大家围绕着"张同学的问题"展开了讨论。经过各种讨论和反证，最终大家明白了为什么"$(-3)\times(-4)=9$"是错误的，但学生不仅都赞赏张同学追求真正的数学理解的精神的可贵，而且对于应该怎样来理解负数乘负数也有了深刻的认识。

如果教师没有让张同学把自己的想法表达出来，就会以为他出现错误是因为 3×4 的计算错误，也就不能发现学生错误的根源。对于其他同学而言，他们也失去了一个深刻理解有理数乘法意义的机会。有些学生，貌似学会了有理数的乘法，但属于机械性地记忆，对于为什么 $(-3)\times(-4)=12$ 其实并不理解。这个激烈的思维冲突，恰好发生在学生思维的关键之处，让学生通过讨论、思考对有理数乘法有了真正理解。

在一次培训中，北京教育学院的顿继安教授问了我们一个问题，这个问题到现在我仍然记忆犹新。

在学习了最小公倍数的概念后，教师和同学们一起探讨寻找最小公倍数的办法。教师首先请学生独立解决几个问题。

例如，求下列每组数的最小公倍数。

(1)1，7；(2)5，6；(3)9，15；

(4)2，8；(5)4，9；(6)8，12。

大约 5 分钟后，教师组织同学进行交流。交流时，学生首先发现了两个有倍数关系的数的最小公倍数等于其中的较大数，又发现了两个互质的数的最小公倍数就是这两个数的乘积。

对于像 9，15 这样的既不是倍数关系，又不是互质的两个数，寻找最小公倍数时，一名学生说自己用的是列举法，先列出 9 的倍数，9，18，36，45，发现 45 也是 15 的倍数，而前面 9，18，36 不是 15 的倍数，所以 9 和 15 的最小公倍数就是 45，同学们纷纷点头。这时候 S 同学主动举手说："老师，我发现这种题也有简便方法。就是用最小公因数乘大数，这道题就是 $3\times15=45$。"教师感到很奇怪："最小公因数？9 和 15 的最小公因数是 3 吗？"

S 同学说："哦，是用不是 1 的那个最小公因数。我验证了，8，12，这组也行，它们(不是 1 的)的最小公因数是 2，用 $2\times12=24$。""他的发现正确吗？为什么？"

这个问题问完后，我们所有的教师都陷入沉思，之后甚至进行了讨论，然后我们纷纷回答，不正确。不全面，属于特殊情况。因为可举反例，6，9 的最小公倍数是 18，用该学生的做法就是 3×9 等于 27，所以不正确。

顿教授带着我们继续分析，这个表面看来是错误的答案的后面，隐含着怎样的道理呢？对于学生的这个答案，是否有必要继续探讨下去？要是你，你怎么回应学生的这个观点？顿教授的问题一度使我们很迷茫，这本身是错误的做法，这个错误的做法后面含有什么道理呢？没觉得有继续探讨下去的理由。可是接下来，我们跟随顿教授一起剖析这个问题背后的价值时，我们被深深地震撼了。

我们用 $[a, b]$ 来表示两个数 a，b 的最小公倍数。如果两个数 a，b 中含有除 1 之外的最小公因数 m_1 的话，那么 $[a, b] = [m_1 p, m_1 q] = m_1 [p, q]$。继续看，如果 p，q 含有除 1 之外的最小公因数 m_2 的话，依此类推，我们一起来看下面的式子，用式子来表达会更清晰。

$$[a, b] = [m_1 p, m_1 q] = m_1 [p, q] = m_1 [m_2 x_2, m_2 y_2] = m_1 m_2 [x_2, y_2] \cdots$$

如此下去直到 x_n，y_n 互质，即

$$[a, b] = [m_1 p, m_1 q] = m_1 [p, q] = m_1 [m_2 x_2, m_2 y_2] = m_1 m_2 [x_2, y_2] \cdots = m_1 m_2 \cdots m_n [x_n, y_n]。$$

例如，$[9, 15] = 3 \times [3, 5]$，$[3, 5] = 15$，

$[8, 12] = 2 \times [4, 6] = 2 \times 2 \times [2, 3]$，$[2, 3] = 6$。

虽然学生的答案是错的，但学生的思考是非常有价值的。这位学生已经剥开了最小公倍数求法的外衣，学生的思考已经接近了最小公倍数的核心算法，这是难能可贵的。但如果我们的目光仅仅落在答案的表面，而看不到学生在这个问题当中突出的闪光点，以及有价值的思考方式的话，这样金色的、闪着数学思维光辉的智慧就会被抹杀。因此要肯定学生，引导学生完善自己的思维，通过学生举例说明，追问学生的思

维方式，让学生进一步思考为什么不行，怎么进行改进。这才是有价值的交流。

在数学学习过程中，有大量平平淡淡的、日积月累的知识，也会有偶然与意外的发现带来的惊喜，还会有苦苦求解而不得的苦恼，这就是真实的数学学习过程。真实的数学会让学生在听教师或者同学提出了一个有趣的问题、讲了一个奇妙的方法后，追问教师或同学"你是怎么想到的？"，并反问自己"我为什么没想到？如果问题重新摆在我面前我是否能想到？"数学课程的价值本身不是规律，而是发现规律的过程。相信学生，让学生自己解决问题，比教师先将一些策略或标准步骤告诉学生再让学生模仿，更有意义。给学生机会，课堂就会属于学生。在教学中，应让学生明白他们所用的策略或方法的意义，不要直接告诉学生知识或规律，而是要通过提出问题"你不会，怎样改你就会了？"来激发学生自己的思考，切莫让课堂上真正的教与学"擦肩而过"。

三、营造交流合作的氛围，促进师生的相互理解

教师要仔细设计课程教学过程，多给学生展示的机会，来展现学生思维的过程。师生间的互相交流是一种双向交流，教师必须充分重视学生这一交流的主体。我们其实都清楚，教师讲得多不等于学生听得懂，学生听得懂与学生自己真正理解知识之间还有很大的鸿沟。学生记住了不等于学生掌握了，学生会模仿不等于学生有能力。只有学生真正地理解了知识，学生才可能在自己理解的基础上进行再加工、再创造，学生的创新能力才能得以发展。在课堂中，学生既不是单纯的接受者，也不是被动的接受者，而是同样有着交流的主观愿望与能动性的人，忽视这一点，交流就失去了价值。因此，作为拥有交流主动权的教师，必须树立以学生为主体的意识，把学生看成有多方面需要的有主观能动性的对象，以平等的身份和满腔的热情激发学生的主体性，进行持久的和谐的师生交流。

教师的任务是帮助学生挖掘自己的学习潜能，让他们找到最有效的方法轻松快速地学习。其实每个学生都有其独特的接受知识的潜能，教

师要帮助学生找到最适合他们的学习方法。

在现实教学中，学生与学生之间互相交流的力量不可小觑。据我调查，同学们在课上更喜欢大家讨论，同学给同学讲一讲，小组之间互相帮助，这样他们感到更轻松，压力更小。因此小组合作式的学习必不可少，只要条件适宜，所有的学生都能轻松快乐地学习。我在实践与观察中发现，同学们交流时，连平时不爱发言甚至不爱学习的学生都会认真地倾听和思考，甚至会问出自己想问的问题。同学们在一起进行知识交流，有效减少了课堂压力和由压力引起的学习障碍。在自主学习、合作、探究、展示等一系列活动中，学生的小组合作式的学习成为课堂教学的焦点，教学成功就是顺理成章的事了。教师把宝贵的课堂时间花在让学生参与教学活动和对自己的经验、学习方法、收获进行总结上，学生的学习就会从接受性的学习向参与式学习、探究性学习转变。学生就会成为学习的主人，学生的学习方式就会得到极大的改变。

但在教学中我们的教师会有很多的顾虑，比如感觉太浪费时间了，教学内容根本就讲不完；有时学生还讲不明白，关键是是否会影响成绩？课堂调控会有问题，课堂会乱，不好控制……这些问题与顾虑，影响着教师与学生、学生与学生的真正交流，影响着教师教学方式的变革，影响着学生学习的真正发生，影响着学生对所学知识的理解。

这时我们就要认真思考，数学课堂是以数学知识为中心，还是要将数学知识转化成能力，以促进人的发展为核心？数学课堂是以进行技能训练为主，还是要把对技能的训练，变为传授方法以及学科观念？我们的课堂是进行了浅层知识的学习，还是把浅层知识的学习变为了深度学习？教师只有认真思考了这些问题之后，才能在教学行动中真正有所转变。

在这个过程中，我们的教师要用心唤起学生的兴趣，激发学生思维的碰撞，使学习真正地发生。学生只有建构了自己的理解，学习才会越来越有收获。这样才能立足数学知识，超越数学本身。教师要努力理解学生，这样的教学，才真正是以人为本的教学。这种教与学必将会促进师生一起理解知识，以及知识背后的价值和功能，不断丰富自己。这样的教与学不仅能够使学生从学科知识的角度，理解所学内容，为今后的学习和生活奠定文化基础，而且也能使学生理解他人，丰富自己的人文精神，学会换位思考，进而理解自我、超越自我。

我想，作为一名数学教师，在不断研究、思考、实践的过程中，要敢于直面问题，迎接挑战，不断通过尝试，调整教育教学的方式，促进学生构建自己对数学知识的理解。这是一个奋斗的过程，也是一个成长的过程。师生一起在这样的过程中不断克服困难，互帮互助，不断地享受成功的喜悦。

我想，越是弥足珍贵的收获与成长，看上去往往就越是平常无奇。学生在课堂中不断通过自己的建构，加深自己对知识的理解，以及对知识背后承载的价值功能的理解，就会在师生互相配合的探索中，更好地理解社会、理解世界，从而更好地完善自我、实现自我、超越自我。

参考文献

CANKAO
WENXIAN

［1］史宁中. 基本概念与运算法则：小学数学教学中的核心问题［M］. 北京：高等教育出版社，2013.

［2］史宁中. 数学基本思想 18 讲［M］. 北京：北京师范大学出版社，2016.

［3］史宁中. 数学思想概论（第 4 辑）：数学中的归纳整理［M］. 长春：东北师范大学出版社，2010.

［4］北京市海淀区教师进修学校. 海淀区义务教育学业标准与教学指导. 数学. 7～9 年级［M］. 北京：北京师范大学出版社，2018.

［5］林崇德. 教育的智慧：写给中小学教师［M］. 北京：北京师范大学出版社，2007.

［6］苏霍姆林斯基. 给教师的建议（全一册）［M］. 杜殿坤，编译. 北京：教育科学出版社，1984.

［7］季苹. 教什么知识：对教学的知识论基础的认识［M］. 北京：教育科学出版社，2009.

［8］张鹤. 张鹤 分享数学智慧的人［M］. 北京：中国大百科全书出版社，2012.

［9］张鹤. 数学教学的逻辑：基于数学本质的分析［M］. 北京：首都师范大学出版社，2016.

［10］方运加. 算数的数学教育地位不可削弱［J］. 中小学数学（小学版），2020(11)：23-25.

[11]顿继安. 从"备学生"转向"研究学生"：基于学生研究的数学教学[M]. 北京：教育科学出版社，2015.

[12]周学海. 数学教育学概论[M]. 长春：东北师范大学出版社，1996.

[13]曹一鸣. 数学教育价值观的嬗变与重构[J]. 教育研究，2005，26(12)：72-75.

[14]布鲁纳. 布鲁纳教育论著选[M]. 邵瑞珍，等，译. 北京：人民教育出版社，2018.

[15]威金斯，麦克泰. 理解力培养与课程设计：一种教学和评价的新实践[M]. 么加利，译. 北京：中国轻工业出版社，2003.

[16]季苹，崔艳丽，涂元玲. 理解自我：教育文明的基础[M]. 北京：教育科学出版社，2014.

[17]周春荔. 数学观与方法论[M]. 北京：首都师范大学出版社，1996.

[18]邓寿才. 新编平面解析几何解题方法全书[M]. 哈尔滨：哈尔滨工业大学出版社，2010.

[19]汪文娟. 中小学教师职业幸福感：结构及影响因素[D]. 金华：浙江师范大学，2019.

[20]刘旭. 新课程理念下的课堂教学：听课　说课　上课[M]. 成都：四川教育出版社，2005.

[21]朱永新. 新教育之梦[M]. 北京：人民教育出版社，2002.

[22]吴渊. 关于初中数学教师对"中小衔接问题"认识的调查研究[D]. 沈阳：沈阳师范大学，2013.

[23]北京教育科学研究院基础教育教学研究中心. 思路与方法[M]. 北京：首都师范大学出版社，2007.

[24]王永春. 小学数学与初中数学衔接问题的思考[J]. 课程·教材·教法，2009，29(7)：42-46.

[25]沈毅，崔允漷. 课堂观察：走向专业的听评课[M]. 上海：华

东师范大学出版社，2008.

[26]波利亚. 数学的发现：对解题的理解、研究和讲授[M]. 刘景麟，曹之江，邹清莲，译. 北京：科学出版社，2006.

[27]皮亚杰. 皮亚杰教育论著选[M]. 卢濬，选译. 北京：人民教育出版社，2015.

[28]奥姆罗德. 学习心理学(第6版)[M]. 汪玲，等，译. 北京：中国人民大学出版社，2015.

[29]肖川. 教育的方向与方法[M]. 北京：新华出版社，2016.

[30]洪汉鼎. 诠释学：它的历史和当代发展[M]. 北京：人民出版社，2001.

后 记

HOUJI

经过十余年的研究、学习和近两年的艰苦写作，《基于理解的数学教学》一书终于完成了。回顾写作的历程，无论是写作的提纲，还是其中的具体内容，都经过了多次调整。从最初对自己教学生涯的梳理和反思，梳理自己这近三十年来的教学经历，到让自己静下心来，反思自己教育教学的问题，凝练自己的教学思想和主张，不断激发自己再次提升的愿望。

通过对基于理解的教学研究与实践进行较为系统的梳理之后，我在认识上有了新的收获，希望通过与同伴的交流与讨论，来让自己不断反思和内省。期盼与广大同人一起聚焦基于理解的教学的实践与研究，找寻帮助师生加深理解的方法，激发伙伴们更多的思考。

这本书是在内心涌动着的满满暖意与感恩的支撑下完成的。实际上，我的文笔很单薄，对教育教学的思考还不够深入，这本书奉献给大家，还有很多的不足和需要完善的地方。

感谢"国培计划"中小学名师领航工程，这为教师的发展提供了更加广阔的成长空间。这是国家给予教师的帮助，也代表着更多的责任。感谢北京市政策的大力支持，感谢北京市海淀区教师进修学校充分发挥理论研究与学科实践并重的独特优势，组建了由跟岗实践导师、学科实践导师、学科教育导师、学科专业导师、教育发展导师组成的五导师团队，这是我成长的助力。

感谢我的导师：张鹤老师、邵文武老师、梁丽平老师、张铁道老师、曹一鸣教授、连四清教授、罗滨校长、申军红副校长、韩巍巍老师等。感谢他们的耐心指导、悉心帮助。没有他们的引领，我必定会彷徨更久。专家老师们严谨的治学态度、丰富渊博的知识、敏锐的学术思维、实事求是的工作态度使我深受感动、受益匪浅。在此谨向所有导师们致以诚挚的谢意和崇高的敬意。也感谢我的小伙伴们，感谢他们的陪伴与鼓励，我们在写作的路上一起携手向前迈进。我觉得我是非常幸运的，也感到非常的幸福。

最后还要感谢北京师范大学出版社。编辑老师们不厌其烦、字斟句酌地提出修改意见，认真验证每一道数学题、修改每一处问题语句，这种专业精神令我折服。

尽管书稿已经完成，但我仍感觉它尚存很多的遗憾和问题，这与我自身的学识、视野、精力等有关。疏漏之处，请大家批评指正。